基督教文化研究丛书

主编 何光沪 高师宁

十编 第13册

近代山东基督教历史资料译丛
——近代中国亲历记：瑞典浸信会山东宣教事工纪实

〔瑞典〕令约翰、白多加 著
郭大松 译

花木兰文化事业有限公司

国家图书馆出版品预行编目资料

近代山东基督教历史资料译丛——近代中国亲历记：瑞典浸信会山东宣教事工纪实／郭大松 译 -- 初版 -- 新北市：花木兰文化事业有限公司，2024〔民 113〕
目 2+182 面；19×26 公分
（基督教文化研究丛书 十编 第 13 册）
ISBN 978-626-344-626-7（精装）
1.CST：瑞典浸信会 2.CST：传教史 3.CST：山东省
240.8 112022500

ISBN-978-626-344-626-7

基督教文化研究丛书
十编 第十三册 ISBN：978-626-344-626-7

近代山东基督教历史资料译丛
——近代中国亲历记：瑞典浸信会山东宣教事工纪实

译 者 郭大松
主 编 何光沪、高师宁
执行主编 张 欣
企 划 北京师范大学基督教文艺研究中心
总 编 辑 杜洁祥
副总编辑 杨嘉乐
编辑主任 许郁翎
编 辑 潘玟静、蔡正宣 美术编辑 陈逸婷
出 版 花木兰文化事业有限公司
发 行 人 高小娟
联络地址 台湾 235 新北市中和区中安街七二号十三楼
电话：02-2923-1455 ／传真：02-2923-1452
网 址 http://www.huamulan.tw 信箱 service@huamulans.com
印 刷 普罗文化出版广告事业
初 版 2024 年 3 月
定 价 十编 15 册（精装）新台币 40,000 元

近代山东基督教历史资料译丛

——近代中国亲历记：瑞典浸信会山东宣教事工纪实

郭大松 译

译者简介

郭大松（1953–），山东蓬莱人，山东师范大学历史文化学院退休教授。

主要研究方向为中国近现代史、区域城市史、基督教在华传播史，著、译、编著述十余部，海内外公开发表学术论文三十余篇、译文四十余篇。

提　　要

本书收录两篇纪实性小册子——《令约翰回忆录》、《收养中国女弃婴：中国山东诸城孤女院简史》，作者令约翰（J. E. Lindberg）在山东省生活了半个多世纪，另一位作者白多加（Matilda Persson）一生未婚，把全部精力和心血都献给了收养民间女弃婴事业，所述都是两位作者的亲身经历和亲手所为之事，可谓忠实记述了瑞典浸信会在山东的宣教历史和具体事工，是一部基督新教具体差会在近代山东的完整可靠史料。其中按历史脉络夹杂介绍的日本侵略山东、中国国内军阀混战给山东带来的灾难和对宣教事业的影响，以及对近代山东民间陋俗的记述和宣教士对改变这些陋俗所作的努力及成效，则可使读者对近代山东社会历史变迁有一个更为切实真切的了解。该书原为瑞典文，从未公开出版发行，本译稿是根据瑞典浸信会宣教士后人的英译稿中译而成。

目次

令约翰回忆录

Memories and Field Experiences
from China
令约翰（J. E. Lindberg）

瑞典，斯德哥尔摩，1948 年

英文译者说明

本书作者令约翰（J. E. Lindberg），瑞典浸信联合会（the Baptist Union of Sweden）派赴中国的第二位宣教士，1892 年抵达中国，1946 年返回瑞典。五十四年间，仅回国度假三次。

作者在书中记述了他的所见所闻和宣教经历，换言之，作者并非是全面报告瑞典浸信会在中国的发展情况，而是注目于其在华期间宣教之外的其他事物。

令约翰在书中介绍了他在山东东北部各地的经历，娓娓道来，语言幽默，显示出了深刻的洞察力。通读本书，读者必须注意该书并不是一部宣教编年史，而是一部关于他在不同地域活动的见闻和经历记述。

诚然，本书读者将会了解到自 1948 年以来中国和世界的变化，尤其是自 1892 年以来的更大变化！

关于本书的英译，我尝试忠实于原文，而不逐字对译。语言也随时代变迁而变化，有些说法现在已经不再使用了，例如“异教徒”这个词，一般是在早期文献或著述中使用的。

中文字词和姓名，一般不做改变，采用原译文。

尤其值得指出的是，本书给读者提供了一次跟随令约翰重温漫长一生旅程的机会。

英文译稿由格尼拉 · 斯滕曼 · 雅各布森（Gunilla Stenman Jacobson）作了令人赞佩的校订。

艾丽斯 · 瑞奈尔 · 赫尔曼松（Alice Rinell Hermansson）

序　言

每当向朋友们和年轻传教士讲述我五十多年间在宣教地经历的一些事情时，他们都一再要我把这相当漫长一生的经历写下来。虽然我很清楚没有能力满足他们的要求，但最终还是做了认真的尝试。读者将会在我的这一尝试中发现一些历史资料，这些资料都很有意思。至于说我的这一尝试是否成功，那不是我所能做出的判断。

我在中国的经历始于上海，终于青岛。在我记述的经历中，人们可以见到瑞典浸信会（the Swedish Baptist Mission）第一批传教士在上海遇到的各种情况；可以看到美国传教士们建议他们如何去做以及他们最终在自己的宣教地是如何做的。最初几年间，充满艰辛、困苦，他们一直不断努力，直至在这一地区定居下来，并且熟悉了传道工作许多各种不同的情形。

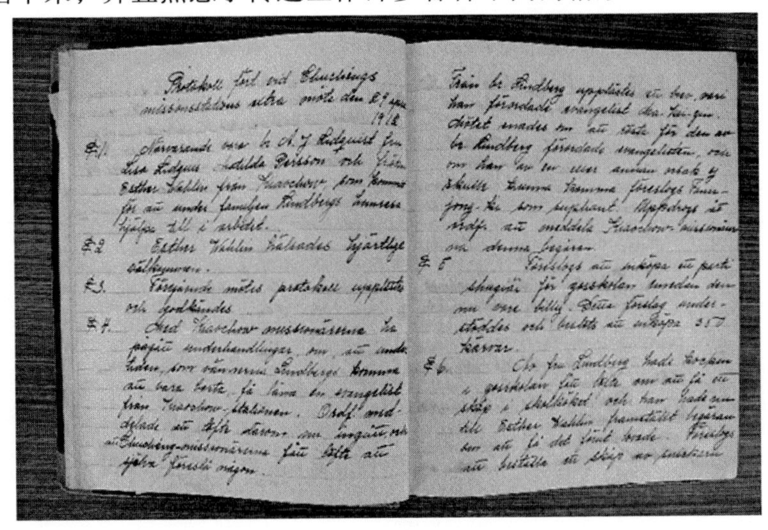

令约翰日记

如果我的记述能够给宣教朋友们提供一些信息，唤起他们宣教工作更浓厚的兴趣，从而致使中国自立传道，许多中国人得救归主，神的国在亿万中国人中广传，那就是神给我的莫大奖赏。

“中华归主”（China for Christ）仅仅是一个标语口号。但是，只要我们勤勉地以极大热情向中国人民传布基督，神就将像在地球上拣选其他民族、家族、语言一样，在他们中间“为了他的名拣选中国人”。依据他永恒的目的，“神将重建大卫倒塌的帐幕”。

令约翰（J.E.Lindberg）

第一章　上海见闻与经历

上海位于长江流入黄海的入海口处。整个上海地区，没有高山和丘陵，是一个巨大的三角洲地带。要建较大的建筑群，必须构筑深厚的地基。不过，在过去数十年间，一些作为银行、宾馆等大型建筑都建起来了。英国人赫德设计和建造的上海海关，宏伟壮观，给人以深刻印象。上海海关建筑滨黄埔江河道而建，从海上乘船入黄浦江的旅客，抵达黄埔江口即可见到。赫德爵士作为清王朝的一名雇员，在同光新政时期创设和组织管理帝国海关。汇丰银行（Hong Kong and Shanghai Banking Corporation）数年前分别在上海和香港建起了宏伟的现代风格的建筑。甲午中日战争期间，汇丰银行被日本人没收。根据与列强间的不幸战争之后签订的条约，清朝政府在上海授予了列强许多所谓定居点或租界。租界内引入了警察、法庭、监狱等设施维持社会治安，引进了通信等服务机构。即便如此，这些租界内还是藏匿了各种各样的罪犯，即使在民国建立之后，也还是如此。经过不断进行的战争，租界的权利已经被废除了。上海很可能拥有世界上最大的监狱，监狱里大约有 7500 名犯人。在这里，可以见到大量形形色色的乞丐。很多外国难民，其中许多犹太人，有数万之众。

在我们的时代，上海是一座东方大都市，居民三百多万。上海的居民种族众多，但很自然主要居住者还是中国人。那里有各种慈善机构，卫生保健事业发达。世界上几乎所有国家，都在这里设立各种形式的领事机构，促进贸易和航运的发展。

正如有人对我说的那样，中国的第一条铁路 1876 年建于上海。这条铁路当时仅 16 公里长，终点位于城外的一个港口，名为吴淞。那时的火车，中国人视为西方鬼车，认为其对和平生活构成威胁。于是，进行秘密谈判，国家要把这条铁路买下来。达成正式协定并支付了费用之后，中国人即着手拆毁轨道，将铁轨扔到了长江里。不过，现在中国已经拥有很多很长里程的铁路了。

中国的第一条电报线是在上海设立的，并从这里延伸到了中国中部，因为太平天国叛乱[1]，那时需要电报联系。有了快捷的电报联系，就可以避免许多意外事故和人员伤亡。

关于这种外国的"铁丝"，湖南的乡下人有他们自己的说法。他们有时候听到电线杆里有可怕的鬼叫声，认为这种鬼叫声会惊扰居于"黄泉"中死者的灵魂。此外，因为从来没见过有送信的过去，"信"是怎么用这种看不见的方式传递的，对他们来说也是个谜。不过，有人做出了解释，说："你看，电线杆子上每个瓷瓶都坐着一位小鬼，他们就像当兵的报数喊'一、二'那样对着下一根杆子喊。最后那一点（电报局），有个大鬼（欧洲人）坐在那里，就管着收发电报。"他们想除掉这一令人生疑并且或许是危险消息的传递者，于是农民们便拿着斧头砍掉了电线杆子，把电线扯下做别的用去了。

上海自从对外国开放以来，就一直是传教士登陆中国的入境口岸。那里有很多各国的传教社团组织，我不可能列出在上海的所有传教组织的名字，但将会在下面提到一些。

1893 年竣工的上海海关建筑（令约翰初到上海时尚未竣工）

1　由于中国电报的历史作者并没有亲历，而是听闻，记述有误。太平天国时期，中国还没有电报。外国人在中国开通有线电报始于 1871 年，中国人自办电报则更晚，而且也不是为了镇压太平天国起义，而是为了抵抗外敌的需要——中译者注。

我年轻时候听说的第一个上海差会组织是中国内地会（the China Inland Mission），该会在中国设立总部数十年了。我在伦敦雅比聂布道学院（Jabneel Mission College）学习时就接触到这个差会，经常参加他们差会举办的会议，听他们的领导人和从中国回来的传教士们讲差会在中国的情况、他们遭遇的困难和取得的进步。正是通过中国内地会，我得到了很多好的建议，他们向我推荐了一家航运公司，我得以花 35 英镑买了一张伦敦去上海的二等舱船票。

1892 年 2 月 5 日，我乘坐阿卡迪亚（Arcadia）号轮船从伦敦出发，3 月 16 日抵达上海。途中在科伦坡换乘一艘叫北金（Pekin）的旧式轮船，船上到处是寄生虫，温暖天气船上这种情况很普遍。整个旅途，共经过欧洲、非洲和亚洲的九个港口。

到达上海时，没有一个人来接我。永远不会忘记一位英俊的英国警察，他帮我在码头找了两个人给拿行李，把这两个人的号牌放在我手里，要我一直跟着他们走。我什么都不用做，只是告诉他们要去中国内地会总部。到了中国内地会总部，遇到了一位英国传教士，他告诉我说这里没有我住的房间，很友善地陪着我到了传教士旅馆。这位英国传教士拖着一条辫子，很散乱，让我觉得很不舒服。传教士旅馆的主人告诉我，说同工文道慎（Vingren）前段时间住在这里，但一个月前去了山东，近些日子可能随时回来。3 月 24 日，我在这里等了 8 天之后，文道慎弟兄回来了，分别一年多以后，我们在这里愉快重聚了。他穿戴中国服装，完全变了一个人，变化太大了！我也要像中国内地会所有男性传教士一样，改换服装。为了实现崇高目标，要与中国民众建立尽可能紧密的联系，“要以一切可能的方式赢得一些人的信任”，中国内地会传教士穿戴中国服装是一项强制性规定。戴德生博士（Dr Hudson Taylor）在中国的时候，也穿戴中国人的服装。早在 1847 年的时候，德国传教士郭士立（K.F.A. Gützlaff）就穿戴和中国人一样的服装，“无论走到哪里都很受欢迎”。

第二天，文道慎带着我到街上男士服装店去购置新衣服。街道上有一排排装潢精美的商店，买下的第一件服饰是一顶八块材料拼接起来的帽子，帽子顶上装饰一颗红珠子。接下来，买了一件长棉袍，袖子很长，长出胳膊一大截。随后我们看到了一件短上衣，衣领是棉的，很高，衣袖格外宽大。然后，我们又买了一条裤子，两层布料的。袜子是白棉布做的。最后，我们见到了一双鞋，穿上去很绅士的样子。鞋底有一英寸厚。鞋头做成了老虎头的样子。这些衣物全部价值 20 瑞典克朗。翌日，我应该去刮掉胡须，把头上的头发剃去一圈。

坐在一张桌子旁边，一个人占用很大的空间。看剃头师傅在桌子上拿什么东西、取刀具等，都是拖着长长的袖子晃来晃去。经历这个场面剃头，需要极大的耐心。

身着中国服装的文道慎牧师

在从男人街（the men’s street）回住处的路上，文道慎说：“我带你看一个财神奴（a slave of Mammon），他在上海很有名。看，那里是他的一个小栈房！”确实，我看到了！粘土地上，一位肮脏、穿着破烂的老人在财神祭坛前跪着。他每天为他的神燃 360 枝香，跪在地上叩 360 次头。财神偶像前面，常年每天都燃着香，香灰堆成了堆。财神塑像的两边，挂着一串串银元宝（又叫马蹄银）模型，这一切给人的印象是要招来大量金钱。

这位老财神奴给这一地区吃了上顿没下顿的穷人提供八种谷物、装饰品、花生、煤油、烟草、烈酒、火柴、香等等物品。这是我永远不会忘记的一个场景。但是，使徒保罗曾这样写道：“贪婪是万恶之根。”

我和文道慎居住的旅馆主人是一位美国人，以前做过传教士，名叫爱德华·埃文斯（Edward Evans）。埃文斯是位忠诚虔敬神的人，在普通家庭和他自己的家庭每餐饭前，他都要诵念祈祷文。每天早晨有早祷，读经文，每个礼拜日他都邀请一位宣讲人前来引领晨更。有一次是戴德生博士在这里领祷，有一次是位中国布道者。正是在那位中国布道者领祷时，我第一次听到了用中文说耶稣的名字。

旅馆的女主人埃文斯夫人，应该说是一位敬畏神、做事有条不紊、严格守时、充满母爱的人。这个家庭有两个儿子，他们还未成人时，父亲就去世了[2]，数年前，他们已经成了上海成功的商人。

在等待文道慎回来的时候，我去见了美国浸信会传教士泰特姆（E.F. Tatum），他是 1888 年来中国的。他不是很健谈，但却给了我这位年轻传教士一些很好的启发性建议，对此我永怀感激之情。

在上海的美国浸信会传教士，我想主要谈谈晏玛太（M.T. Yates）、叔未示（L.J. Shuck）、高第丕（T.P. Crawford）。晏玛太博士 1819 年生于北卡罗来纳州，1846 年 12 月 18 日按立为牧师到中国工作，翌年与他年轻的妻子一起来到上海，这位妻子婚前名字是伊莱扎·莫林（Eliza Moring）。晏玛太在上海工作了四十多年，与 1888 年 3 月 17 日平静地离开了尘世。四十余年间，他传布十字架福音，用上海方言翻译圣经，救助难民和穷人。他还引领一些年轻传教士参与了这项工作。1849 年，他施洗了他为基督争取到的第一位中国人。据说他阻止了两千名曾有恶劣行迹的中国人加入教会。美国南北战争期间，他担任美国政府副领事和所谓“会审公廨”（mixed court）翻译[3]。那时流传一个故事，说明了他非常熟悉中国人的口语习惯。

有一天，他到会审公廨去为一个中国人做翻译。不管晏玛太问什么问题，也不管他怎么个问法，这个中国人就是听不懂。随后，晏玛太转向这个人问道：“兄弟，你吃饭了吗？”这句问话（是中国人打招呼的问候语）打通了那个中国人的耳朵，他立即回答道：“吃了。”这以后他们之间的语言翻译就没有问题了。

接触中国人之后，有很多次我用晏玛太的方法使中国人听懂了我说的话。中国人有时候确信外国人不可能说中国话，所以根本不用去听他们说什么。此外，中国人认为陌生人不可能讲他们不了解或者与他们没关系的事情。你要公

2　作者叙述时间跨度太大，易生误解。这里所说的“父亲”，就是这家旅店的男主人。而所谓“数年前”，则应是作者写这本回忆录的时间——中译者注。

3　美国南北战争时间为 1861 年 4 月至 1865 年 4 月，而上海外国租借地内的“会审公廨”是根据上海道台和英美等领事商订的《洋泾浜设官会审章程》于 1868 年设立的。作者这里叙事时间不吻合，很可能是数十年后回忆有误——中译者注。

开向一帮中国人讲道，也会面临同样的问题。

晏玛太夫人开办了一所小型走读学校，这所学校办许多年了。晏玛太夫妇只有一个女儿，与一位名叫西曼（J.F. Seaman）的商人结了婚。西曼去世之后，西曼夫人把大笔金钱捐给了美国浸信会上海差会，上海差会用这笔钱为未婚女传教士建了一所公寓，并建了一栋纪念晏玛太夫人（Mrs. Eliza Yates）的大楼。晏玛太夫人在老北门开办的学校，还在办着，1907 年上海来华传教士百年大会期间，我们考察过这所学校。

大家都知道，叔未示（L.J. Shuck）1863 年在中国去世[4]。他在青年时期就转变信仰接受了洗礼。他所属的教会里有一个传道会议，接受一些平常捐献的钱物。在接收的银币和钞票中，有一张卡片，上面写着"我"、"我自己"的字样。

"募捐箱里的这张卡片是谁放的？"一位执事问道。

"一位总坐在教堂后面的年轻人。"有人回答说。

这位年轻人就是叔未示，他 23 岁时来到了中国。开始在澳门，继而到香港和广州。结发妻子去世后，他带着孩子回到美国。回美国再婚后，他来到了上海，成了晏玛太博士的同工。在第二任妻子去世后，他回到了美国家中，作为传教士，在加利福尼亚华人中工作了七年。

关于叔未示的第一位妻子的身世，知道的不多。叔未示夫人（Mrs.Henrietta Hall Shuck）是波士顿一位名叫霍尔（Hall）的牧师的女儿，在女儿启程到中国时，霍尔牧师说她将年纪轻轻死在中国。她到中国时年仅 19 岁。她开办了一所走读学校，这是中华帝国境内第一所浸会学校。每个男孩要上学，都要带一名姐妹来。她的临终遗言是："做你一切可能为中国做的事情。"1844 年 11 月 27 日，在中国工作了八年之后，安祥地离开了尘世，年仅 28 岁。她葬在香港快乐谷（Happy Valley，亦称"跑马地"——中译者）一处墓地里。1936 年，人们发现了她的墓碑，墓碑上长满了苔藓。人们用遮挡她墓碑的一枝树杈，为差会百年纪念制作了小木槌(同样的方式为山西太原府殉道者墓地制作了一把

---

4 英文译文是 1836 年在中国去世，显然是笔误；而"在中国去世"，也与下文中"在第二任妻子去世后，他回到了美国家中，作为传教士，在加利福尼亚华人中工作了七年"的说法有不合之处。另说 1863 年在美国去世（见中国社会科学院近代史所翻译室编《近代来华外国人名词典》，中国社会科学出版社，1981 年，第 438 页），应是可信的。这里将逝世时间改为 1863 年，沿用了作者在中国逝世的记述——中译者注。

小木槌)。叔未示夫人是第一位到中国的浸会妇女，堪与缅甸的贾德森（Ann Judson）相提并论。她们二人是亚洲地区的美国宣教英雄。

上海的立德（Alice Little）夫人领导了在中国妇女中破除缠足旧习的工作。她于1874年开始这项工作。没有什么比改变流行习俗更困难的了，不管这些习俗带来多大危害。据说妇女缠足习俗始于唐朝皇帝的妃子杨贵妃[5]，这位妃子天生脚小，大家都赞美不已，引起了宫中其他嫔妃的羡慕，于是就纷纷开始用结实的带子缠脚，逐渐形成缠足习俗。立德夫人清楚缠足对妇女健康的危害，以及对下一代的影响。她率先撰写发表文章包括散文和诗歌反对缠足习俗。在我们差会宣教区里，能够见到她这方面的大量作品。反对缠足活动效果很好，整个中国缠足的人少多了。[6]

立德夫人

5　中国妇女缠足习俗缘于何时说法不一，但说源于唐代杨贵妃则显然没有依据，可能只是有人误传，或是时间太久，作者记忆不清，因为杨贵妃有名，就记到了杨贵妃名下——中译者注。

6　事实上，中国清末民初以后妇女缠足的人越来越少以致绝迹，远不只是立德夫人一人反对的力量所致。维新派和清末新政时期的清中央政府、民国政府都反对缠足，其中作为政府行为的力量才是中国妇女逐渐不缠足了的主要因素。作为个人，立德夫人在反对妇女缠足问题上作出了巨大努力和贡献，时间上也早于中国政府甚至维新派，但不能把“整个中国缠足的人越来越少了”看作是她一个人努力的结果——中译者注。

1851 年，年青的高第丕夫妇作为晏玛太的同工来到上海，他们在上海十二年后，由于气候的原因，转移至山东省登州。在上海期间，他们学习难学的汉语。高第丕说他有一次街头布道时，尽管他想说的意思是“神是全能的”，但说出来的却是“神剃他的头”。学习汉语，所有人一开始都有问题。那时候，还没有中文赞美诗集，高第丕博士着手自己编撰，部分是自己写作，部分是翻译过来的，出版了一部谱曲的中文赞美诗集。教友礼拜聚会诵念的圣经是文言文，农民听不懂。于是，高第丕计划在他的汉语教师黄品三（Huang Pinsan）的帮助下，把“马太福音”翻译成上海方言。他的这位汉语教师本质上是位孔教徒，根本不想相信基督教义。高第丕坚持多年争取他都没成功，可到了翻译上海方言本“马太福音”快完成一半的时候，他有一天说道：“现在我明白了耶稣是神的儿子和世界的救主，他也会是我的救主。”

过了一段时间，高第丕的这位汉语教师请求施洗。后来，他成了所在浸信会堂的一名执事，而且在叔未示离世之后，担任了 23 年牧师。在老北门浸信会堂讲道坛两边墙壁的白色大理石上，我看到上面有叔未示任该会堂牧师 13 年，黄品三任 23 年的字样。

年轻时的高第丕夫妇

在1850年代，做外国人的语言教师和成为一名基督徒是件很危险的事情。黄品三做高第丕的汉语教师，是让贫困给逼的。到高第丕的住处教汉语，他都是小心翼翼偷偷穿过一些狭窄小巷过来。他给美国人当语言教师和成了基督信徒的事情在儒家知识分子中传开之后，那些人断绝了同他的往来。早些时候，高第丕给了他一本《新约全书》，但他在穿越小巷子回家的时候，总是把书藏在袖子里，以便别人不知道他拿着一本“妖书”。回到家以后，又总是拿出一天到晚挂在脖子上的一把钥匙，打开锁着的箱子，把这本书藏到箱子里的衣服底下。如果有人知道他们家有这样一本书，对他和他的妻子来说，都是危险的。

黄品三在重生成为基督信徒以后，带领他的黄姓堂弟皈依了救主，后来又引领一些其他人信奉救主。有一次，他与高第丕一起沿一条上海运河布道，沿河有许多小港码头，他们把福音书和其他一些作品放在一块矿石上，把矿石给岸上的人。那时他们不敢到岸上去。不过，有个地方，人们非同寻常地友善，邀请高第丕他们在一张有人特地为他们搬来的长凳上坐下。他们在长凳上一坐下来，就有个人大喊起来：“看到了吧，看到了吧，看到了吧！”这是什么意思呢？很显然，原来是他们打了赌，说外国人没有膝盖，喊叫的这个人现在赢了！1849 年，广东的林总督曾上书吁请中国对英开战，据称一旦开战，中国很快就会轻易取胜，因为西洋人没有膝盖，如果设法把他们推倒，就再也爬不起来了。作家邱汉（Cheo Han）在他的一篇文章中披露了这一说法，用来嘲笑西洋人和基督教。

我与文道慎在上海相遇时，我们还都没有钱到山东旅行。恰好在这个时候，晏玛太夫人邀请我们到宁波参加一个较大规模的宣教会议。在那里我们同一位叫高雪山（J.R. Goddard）的传教士住在一起，高雪山的父亲早年就是一名来中国的传教士，他们一家从高的父亲算起，儿子、孙子、曾孙四代人都在中国传教。高雪山和他父亲翻译圣经，他的儿子和孙子则分别是沪江大学（the Shanghai University）的医师和教授[7]。在宁波的宣教大会上，我们听说有一位叫詹金斯（H. Jenkins）的传教士强调传道。后来在一次私下交谈中，他告诉我们他与布罗迪（K.O.Broady）上校曾一块在美国的一所大学学习，要我们向布

7　这里说的 the Shanghai University，不是 1922 年国共合作创立的上海大学，而是创办于 1906 年的上海浸会大学（Shanghai Baptist College），1914 年改名为沪江大学（Shanghai College），the Shanghai University 英文名称,不是作者初到上海时的英文名称，而是作者写作本书时记忆中后来的名称——中译者注。

罗迪转达他的问候。在这次会议上，我第一次在中国领了圣餐。

从令人难忘的宁波会议回来之后，瑞典国内寄的钱到了，于是我们得以准备到我们山东宣教区的旅程了。

现在我们需要搞到学习汉语的现代词典，以及一些纸张和书写用品。为此，我们去了美国长老会的美华书馆（the publishing house of the American Presbyterian mission），他们在北京路 18 号开了一家商店。在这家商店的柜台后面，我们见到了费启鸿（G.F. Fitch）博士。买了几本书之后，他问我是否需要裁纸刀和尺子。“不，不要了。”我说。“在意大利布利斯尼（Brinsini），我买了一把巴勒斯坦橄榄树裁纸刀，上面有希伯来文写的耶路撒冷字样；在赛德港（Port Said），我买了一把圣地橄榄树尺子，上面也有耶路撒冷字样。”这两样东西现在依旧完好无损，五十多年来我每天都用。

1892 年 4 月 14 日，我们搭乘轮船奔赴烟台。36 小时之后，于 16 号抵达目的地。在这里，我第一次使用中国的筷子吃饭，第一次吃中国蒸熟的大米。这顿饭我们吃的很努力，但还是上了令人滑稽的一课，很多米饭从碗里往嘴里送的时候，掉到了地上。偶然间看到一位中国妇女用筷子吃大米饭，那熟练劲真是叫人羡慕。

上海还有一件事具有历史意义，值得叙说，这就是瑞典浸信会中国差会（the Swedish Baptist China Mission）的事情。他们第一批派到中国两名传教士，但却是一次来一名，而第三次则一次来了三名，他们是：海德维格（Hedvig）[8]、任其斐（J.A. Rinell）与安娜·霍茨（Anna Holtz）小姐[9]，他们于 1894 年 4 月 12 日安全抵达上海。

那时候我的日记有下面这样一段记述：

> 为了去烟台和上海迎接任其斐弟兄夫妇和霍茨小姐，4 月 9 日旅行至胶州，这三个人将是我在宣教地的同工。从“家”里出发到烟台花了七天时间，乘轮船从烟台到上海两天时间，陆、海旅程都和平顺利。17 号抵达上海，见到了我未来的同工。那真是令人愉快的时刻。20 号，我们一行四人乘坐大沽号（Takoo）海轮从上海启程，一路平安顺利，22 号抵达烟台。我们在烟台只呆了三天，随即

8 即任其斐夫人，中文名字任桂香——中译者注。

9 安娜·霍茨（Anna Holtz），即后来的令约翰夫人，婚后中文名字令爱德（Anna Lindberg）——中译者注。

启程去登州。

马礼逊（Robert Morrison）博士1807年到达中国广州，1907年基督新教来华百年纪念大会在上海召开。大会在基督教青年会殉道堂（the Memorial Building of the Martyrs）召开，殉道堂是专门为这次大会准备的，宏伟的建筑设计有许多不同类型的办公室，大礼堂可容纳数百人。所有来华新教差会都派出了一至两名代表出席了大会。中国各地传教区带来了各自各方面的历史文件和报告，像关于福音工作、教堂情况、医药布道、差会学校、基督教文字著述方面的，以及为盲人、麻风病患者、聋哑人、孤儿设立的慈善机构等方面的，会议记录就有三大卷。大会的参卖品中有与实物一样大小的大秦景教流行中国碑拓片，这块碑是1865年在西安府附近发现的。1877年、1890年在中国曾两度召开过传教士大会，但与这一次相比规模较小，这一次是远东所有传教大会中规模最大、最令人难忘的一次。

我作为瑞典浸信会的代表参加这次大会，而任其斐弟兄则作为私人观察家参与大会。他在这次大会上要报告或提出问题，都要通过我们国家以信函或文章的形式达成。我们住在一位名叫吕德贝里（A.Rydberg）的传教士的家里，女主人吕德贝里夫人和蔼可亲、非常好客。就在这个时候，资深演说家瓦尔顿斯卓姆（P. Waldenström）携夫人访问中国瑞典行道会（the Swedish Covenant Mission）宣教区。他召集所有讲瑞典语的传教士齐聚一堂，做了一次演讲。他在谈到演讲技巧时，说“你必须讲出来，才有可能与人沟通”。

一位叫 Fej[10]的基督教人士在上海来华基督教百年纪念大会召开前曾创办了商务印书馆（The Commercial Press）。他为参加上海大会的代表们举办了一次盛大晚宴，我有幸参加了这次晚宴。我们差会数年间曾在这里购买了大量校园文学（school literature）。[11]1932年，日本轰炸上海，商务印书馆被毁，估计损失约100万上海规元（Shanghai dollars）。日本人为什么要毁掉商务印书馆？因为商务印书馆曾经印刷反日文学作品。一天清晨，日本水兵来到费启鸿博士纪念教堂（Dr Fitche’s memorial church）[12]，除了一位九岁的小女孩之外，逮捕了住在这里的蒋（Chiang）牧师一家人，那个小女孩这时在另外一个院子里

10 商务印书馆创办人是夏瑞芳，不知英文为什么写作 Fej——中译者注。

11 似乎是指商务印书馆印刷的孙毓修编译《童话》一、二两集，这可以说是中国最早的童话书籍——中译者注。

12 该堂为美国长老会教堂，兴建经费多由中国教徒捐献，也有部分为费启鸿筹集的，为纪年费启鸿，故名“费启鸿博士纪念教堂”，中文名称“鸿德堂”——中译者注。

玩耍才幸免于难。他们还逮捕了住在这里的一位作家。他们把逮捕的这些人带到海上去了，人们再也没有这些人的消息。

Dr Fitche’s memorial church——鸿德堂

多年间，我们一直与在上海的不下三个圣经书会保持联系：大英圣书公会（the British and Foreign Bible Society），曾一直支持我们高密和胶县宣教区出售散发圣经的书商；美华圣经会（The American Bible Society），数年间一直资助在我们诸城宣教区的一两名兜售散发圣经人员。这两个书会还捐赠了数千册圣经小册子，供人到处分发。在很长一段时间里，我们与苏格兰圣经会（the Scottish Bible Society）也有联系。

我们同美国浸会书局（the American Baptist Printing Press）有长期合作关系。有一位名叫陈甘兴（Chan Kam shing）的中国牧师，在美国读书期间参观过费城美国浸会出版公司（the American Baptist Publishing company），激起了他要在自己祖国建立同样印刷机构的强烈愿望。回到广东后，他每天到一座小公园去祈祷，请求神建立出版印刷机构。有人谈到这位陈姓牧师时说道：“他是我见到的对神最虔敬、无私、认真、忠诚的基督徒。”

美国浸会书局在湛罗弼（R.E. Chamber）博士的不懈努力下，1896 年初设立于广州。他们第一次要求为书局筹集资金时，我有幸捐献了一点美金。有人曾怀疑这项事业，但印书局一直不断发展并取得了成功。最后，由于民国以后政局动荡不安，最初的地址过于狭小，遂决定将印书局迁至上海，这一决定有利于书局的发展，因为上海的地理位置相对居中，更为适宜。数年之后，书局在上海建起了八层大楼。现在，这个书局为美国北方浸礼会和南方浸信会（the Northern and the Southern Baptist Missions）的共同资产。[13]湛罗弼博士创办书局的指导方针是“在全中国传布基督教书籍”。湛罗弼博士已经离世多年，但书局的工作依旧遵循他的意愿进行。

印书局编辑和印刷忏悔书，刊行圣经和对神、圣灵、圣餐翻译最恰切的新约全书。书局印行的灵修书籍和主日学教材，我们使用了很多年。这家书局刊行的各种书籍，目录即达百种之多。

张文凯（Chang Wenkai）是一名记者和作家[14]，作为湛罗弼博士的天才、勤勉努力、虔敬神的同工，负责编辑“真光”（True Light）月刊很多年。前些年他去世了，这对浸信书局以及中国全体浸会会众来说，都是极大的损失。

三十多年前，美国北浸礼会和南浸信会（the American Baptist missions）联合在上海建立了一所大学[15]，教授所有自然科学和神学课程，有近三千名学生曾在这里学习。在这里学习的学生，很多人已经成了各个行业的领导人物，也有的在基督教工作中作出了突出贡献。刘湛恩（Herman C. E. Lio）[16]担任浸会大学校长很多年，后来在大街上被谋杀。由于战争的原因，现在这所大学已经停办了。

在上海居住和工作的吴多拉（Dora Uh）小姐，基督教界很有名，她开办读经班，编辑了一本叫作《福音歌》的赞美诗集。1928 年，我翻译了浸会书局出版的她的传记，书名是《吴多拉：一位中国基督教妇女》（瑞典文）。

不能不说一下伯特利教会（The Bethel Mission），这个教会是由两名美国女士发起的，中国女医师石美丽(Mary Stone)是这所教会的领导人。他们派出

---

13 美国的浸礼会和浸信会同宗同派，1845 年因奴隶制问题分组为南、北两派，中国大陆学界 1949 年以后为了区别起见，称北方浸信会为美国北方浸礼会，南方则称为美国南部浸信会——中译者注。

14 即张亦镜（1871-1931），字鉴如，名文凯，笔名亦镜——中译者注。

15 即沪江大学，1929 年在中国政府立案，英文名称改为 University of Shanghai。

16 湖北新阳人，1895 年生，留美哲学博士，曾长期为中国基督教事业工作，担任过中华基督教青年会全国协会教育总干事、沪江大学校长。1938 年 4 月，因从事抗日救亡活动、拒绝日伪政权出任伪教育部长的要求，被日伪暴徒杀害——中译者注。

奋兴演讲员，访问了中国许多地区。数年前，这些演讲员也到过诸城和胶县[17]，他们是奋兴运动的很好的宣传者和领导者。伯特利教会还刊行文学作品和赞美诗集，我们差会现在还使用他们出版的赞美诗。他们刊行的赞美诗集名为《奋兴歌》（Revival songs）。

上述是我关于上海的最重要的见闻。也许我还应该说一下差三个月就五十年时间我与先是在上海后来在青岛的英国银行的联系，这家银行就是香港上海汇丰银行。近五十年间，这家银行为我们提供了难以估量的宝贵服务。战争期间[18]，银行被没收，停业了。

本章所有上海见闻及其相关事务，都是为着荣耀神，人们的所有努力，都为在中国古老的土地上建立神的国而做出了贡献。

17 作者这里说的胶县，即前面提到的胶州，该地晚清时为胶州，1913 年以后改称胶县——中译者注。

18 这里的“战争期间”（During the war)指的应该是抗日战争期间。日本占领青岛后接管了这家银行。青岛解放后复业，但因业务不景气，于 1951 年申请歇业——中译者注。

第二章　烟台见闻与经历

1858 年的《天津条约》确定烟台开放对外通商贸易[1]，很多年间，这里一直是山东唯一口岸城市。在那之前，烟台只是一个很不起眼的小渔村。烟台地处山东北部海岸线上，位于威海卫西部，与大连隔海相望。现在，烟台海路交通联络发达，数十年间，在山东进出口贸易中占有重要地位。

山东气候条件优越，人口稠密。这对传教士很有吸引力，他们纷纷通过烟台奔赴山东，到华北地区传布福音。华北千百万人不了解福音，仍然活在罪的捆绑中。

烟台是最不卫生的城市之一，街道上流淌着污水。在最繁忙的大街上，污水沟上盖有石板，但石板盖不住沟里污水散发出来的臭气。就我来说，不可能忘记中国的妇女们跪在池塘边洗衣服的景象，池塘里的水泛着绿色。她们以为这些水是从南面的山里流下来的，是新鲜干净的，殊不知山里流下来的水在流淌的过程中已经污染了。

1850 年代末期，一些传教士就登陆这样一个肮脏的城市并定居下来。在这样不卫生的条件下，很多传教士及其亲属死于霍乱病，像是霍尔（W.N.E. Hall）和他的一个孩子，克洛克斯（H. Z. Klöckers）以及稍后的科威尔斯（G. Cornwells）死后，则丢下了无人照看的孩子。1875 年从英国来的李提摩太（Timothy Richard）和他的同工们，决定离开这座城市，到山东中部的青州府去。

烟台港口外有一座灯塔岛（即崆峒岛），距离很近，站在岸上就可以看到。

1 原定开放口岸为登州（今烟台市蓬莱区），后改为烟台——中译者注。

1861 年 10 月，美国浸信会传教士花雅各（J.L. Holmes）和美国圣公会（the Methodist）传教士巴克尔（T.M. Parker）在烟台西边一个地方被长毛反（捻匪）杀害以后，[2]人们把遗体带回烟台安葬。那时候不能葬在陆地上，而是送到了灯塔岛上埋葬，可见那时传教士即使死了，也还要遭受迫害。1894 年时，巴克尔的墓碑还竖在那里，但碑文已经模糊难辨了，上书：

> 纪念 1861 年 10 月被中国人杀害的美国圣公会教士巴克尔（Thomas Middleton Parker）“使人和睦的人有福了”——马太福音第五章第九节。

花雅各的坟墓被海浪冲刷得不见踪影了，巴克尔的坟墓今天也见不到了。

自那以后很多年，烟台才有了国际公共墓地。墓地位于城市附近的陆地，现在维护得很好，所有墓碑都很整洁。很多外国人——男人、女人、孩童，在这里长眠，愿他们安息。他们在等待复兴的明亮晨光。在基督里睡着的人有福了。

花雅各

花雅各夫人

2 有工具书上介绍说巴克尔是“中华圣公会教士”，见《近代中国来华外国人名词典》第 212 页。笼统地说“中华圣公会教士”易引起误解，因为英、美、加拿大等国的“圣公会”在 1912 年之前并未联合组成为统一的“中华圣公会”——中译者注。

与文道慎弟兄在上海汇合之后，做了一些到山东旅行的准备，而后我们即于4月14日从上海启程，16日抵达烟台。第二天，我们到岸上去，由于轮船停在泊锚地，所以我们要雇佣一只舢板船载我们到岸边。到了岸边的沙滩上，我看着行李，文道慎弟兄去找个可以存放行李的地方。他回来的时候，身后跟着一群苦力，这些人要挣一点运送我们行李的小费。到了跟前，文道慎弟兄挥动着手里的雨伞，试图指挥这帮人不要乱哄哄忙活，要有秩序一点。不多会儿，我们来到了一处院落，院落里住着一位荷兰人——斯米特（Smidt）先生，他管理这个院落。我们请他继续查收我们寄过来的行装，并用骡子把我们的东西一块送到登州，我们计划几天之内就启程去登州。一切都安排妥当之后，在出发前找中国店主人结账，这里的结账方式总是要不停地讨价还价。门外有铃声传来，这是告诉我们要驮载我们货物到烟台西边 195 里处的登州的骡子过来了。于是，我们把货物搬到骡子背上，坐上摇摇晃晃的軸子出发了[3]。假如我们最近没有乘坐过摇摆不定的轮船，可能会觉得晕，不过，我们一路走来，尽管经过丘陵，越过溪流、山沟，爬越过小山，但并没有感到晕眩。一座座小山连绵起伏，一片碧绿，间或点缀着各种各样绚丽的花朵；布谷鸟欢唱，云雀在温暖的春风中翱翔，风景很美。

5月，文道慎和我一起到烟台矫正视力，要配一副合适的眼镜，我们的眼睛读中文读出了问题。我们的眼科医生是中国内地会的道司伟德（Doathwait）医生，他上午用阿托品扩张我们的瞳孔，以便下午做检查。这种检查搞得我们看不见了，回旅馆的时候极其困难，一路上我几乎是牵着文道慎走的。最后，我们终于配了眼镜，又可以努力学习中文了。

在烟台，我们遇到了福尔克（Erik Folke）教士，他带着妻子和一个小儿子，要转道美国回瑞典。之前，他在山西，与中国内地会合作，是瑞典浸信会第一位到中国的传教士。

1893 年夏季，文道慎弟兄要去拜访一位他先前一起旅行的一个人。这个人是威海卫普利茅斯弟兄会（Plymouth Brethren）的。但到了烟台的时候，文道慎患上了痢疾，兰德尔（H.Randle）医生为他治疗。兰德尔是中国内地会医

3　軸子，也有人称之为“驮轿”，但不同于北京等地的驮轿，是用木杆和草席搭建成棚子样的物件用长杆搭载在一前一后两头骡子背上的一种交通工具，可装货物，或供人乘坐。据说乘坐軸子长途旅行，由于前后两匹骡子不可能走的步伐很一致，加上道路崎岖，是一件很难受的事情——中译者注。

生，那时候中国内地会在烟台还没有建医院，所以治疗是在私人家里进行的。没有医院当然也没有护士，于是就招呼我到烟台去帮忙照料病人。

我在我生日那天离开登州。到了烟台之后，那位医生千叮咛万嘱咐，要我一定注意不要传染上这种病。大约一个月之后，病人逐渐康复，我便回到了登州。一个星期后，文道慎也回来了。

在烟台的时候，我每个礼拜日都到市西边一座很漂亮的小教堂去听兰德尔医生讲道，他在那里以极大的热情和激情宣讲救恩福音。兰德尔医生是一位优秀的演说家，他对经文有着非常透彻的理解。每当讲到自己的时候，他总是指着自己的鼻子尖。在山东这个地方，山东人谈到自己的时候，通常是拍着自己的胸脯。

同年秋天，文道慎决定回瑞典。我们从登州的巴腾（L.Barten）小姐那里借了钱。在经历和考虑了各种境况之后，文道慎打定主意要放弃山东宣教地，改去中国西部的四川，同那里的美国北浸礼会（the Northern American Baptists）合作。在途经美国期间，他依然坚持这一念头。他的这一打算早在上海的时候就和他熟悉的一些人谈过。早在伦敦与任其斐夫妇（the Rinells）会面时，他向他们谈了他打算更换宣教地的设想。当任其斐夫妇到了上海的时候，认为上海有关方面的人已经这样决定了，而且以为他们也了解这一决定。这些都是我去上海同他们会面之前的事情。

马茂兰

马茂兰夫人

就在这个时候，马茂兰（James McMullan）夫妇从四川来到了烟台，在烟台开办了一项工艺会事业，办学，还出版发行了一份叫作《晨星报》（The Morning Star）的报纸。[4]在这之前，他们是中国内地会的教士。我去拜访马茂兰，向他了解四川的情况。他告诉我说，四川的气候很好，但一年大部分时间天空都有云，那里是山区。四川南面是云南省，“云南”的意思就是云的南面。他还告诉我说，从上海乘坐小船溯长江而上到四川要六个星期时间，沿途经历所有瀑布激流，穿越瀑布时小船偶尔会翻船，船上的人就失踪了。

与此同时，我写信给林布隆（Wilhelm Lindblom）牧师，那时候他是瑞典浸会国外差会总部的秘书。在信中，我提出了与文道慎关于这一问题的不同意见。我复述了马茂兰对我说的话，同时我还提醒他说：从伦敦到上海要六个星期时间，而从上海再溯长江而上，在忽冷忽热、顶风冒雨、潮湿的天气中去四川，还要六个星期。这么长的旅程和费用，对于一个小差会来说，对于一个没有多少传教士和财力资源的差会来说，将意味着什么。传教士的孩子们的上学问题如何解决？一旦西部政治环境不稳定，传教士们要紧急躲避一下，情况会怎么样？1895 年和 1900 年间，所有的传教士都曾为了活命而不得不撤离中国。

林布隆牧师理解了我说的情况，也考虑到了旅程费用问题，立即作出了答复，说在派出三位传教士去上海的时候，他将告诉他们要根据原来的计划，保留山东宣教地并在那里展开工作，他们都非常高兴。那时以至今天，我们都相信是神指引我们选择在山东开辟宣教地工作。六十多年来，我们一直没有敢忘记这一点。赞美神的引领、保护和赐福！

林布隆牧师在 1893 年瑞典浸信会年会前不久，于《瑞典浸会周刊》（Swedish Baptist Weekly Journal）上发布了下面的决定：

> 根据文道慎弟兄的意见，我们最好像在非洲那样，在中国寻求与美国合作。但是由于种种原因，我们决定继续在我们目前山东的宣教地开展工作。就我们的能力而言，我们不能急于求成。因此我通知了令约翰弟兄，请他在山东选择一座城市，安顿派至中国的传教士。宣教地的选择应考虑旅费开销问题，胶州似乎是一个适宜的地方。

4　马茂兰夫妇在烟台创办的公益事业，在发展烟台及胶东农村经济、培养现代化人才方面做出了重要贡献，阿美德 20 世纪 30 年代中期编著并自行出版发行的《图说烟台通志》（A. G. Ahmed Comp., Ed., and Pub., *Pictorial Chefoo*，1936,）一书，对此有较为详细的介绍。但是，他们开办的事业始于 1890 年代中期，刚来时创业是极为艰难的。作者这里记述的是后来的情况

1922年，鲁丁（C.G.Lundin）牧师到中国宣教地视察旅途中，经过我们宣教区，他在给国外差会总部的报告中说：

> 瑞华浸信会山东差会选择的宣教区非常好。我们知道，这是大量谨慎考虑和祷告的结果。现在我可以确定，神听到了他们的祷告，并且非常仁慈地回应了他们。这一宣教区是否适合瑞典浸信会将来发展的需要，一直是人们所关心的问题。关于这一问题，现在可以肯定地说：完全能够适应我们工作发展的需要。想想这一宣教区的人口，几乎与瑞典全部人口一样多，就什么疑问都没有了。

在前面关于山东问题的记述中，我已经提到了瑞典浸信会派到中国的第三批传教士。1894年4月22日，他们在我的陪伴下抵达烟台。夏天快到了，在炎热的夏季长途跋涉到内地登州，还是留在海岸边上的这座港口城市[5]，大家还拿不定主意。马茂兰夫人强烈反对我们离开，尤其是考虑到我们这几个人中还有妇女。但是，在做了大量祷告请求神的指引之后，我们决定不在烟台停留，继续前行去登州。我已经在登州安排好了四个人的住处，与美国南浸信会的传教士住在一起，在那里一直呆到秋天，希望那时到我们自己的未来宣教区。这一次，我们几个又走了一趟一两年前我和文道慎走过的路，一切都很顺利。即使夜间住在中国的小客栈里，对三位新来的传教士而言，也是件新鲜事。他们在想："中国就会是这个样子吗？"

1895年2月，我们逃离胶县，去烟台。那时候，中日之间的战争日本军队胜了。为什么要逃离胶县，我在后面再予说明。到了烟台以后，一开始我们住在奥塔韦（Ottaway's hotel）旅馆，后来住进了布恩的小别墅（H.J.Boone' s cottage）。在小别墅里，我们一切东西都是公用的，用一句最恰当的话来形容我们那时的生活状况，那就是我们是共产主义者，没有任何不和睦和困扰的事情。唯一艰难的问题是，那处小别墅是为夏天避暑用的，没有冬天取暖用的设备。天相当冷，我们在那里住了将近一个月时间，然后就启程回胶县，把妻子们留在烟台，[6]一直

5 不知作者那时说的登州是整个登州地区，还是登州城，从后面的记述看应该是登州城。可能那时作者并不很清楚登州（即今天的烟台市蓬莱区）也坐落于海岸边，夏天气候和烟台一样凉爽——中译者注。

6 从后面的叙述中，可以断定这里说的"妻子"是令约翰的妻子以及任其斐的妻子，而且这两位"妻子"都是第三批来华传教士成员。但是，不知是由于英译的问题还是原作者记述的问题，虽然后来有关于作者婚礼的记述，但此前一直没有交代他们是什么时候结婚的——中译者注。

呆到春天。我和任其斐陆路赶赴胶县，道路十分难走。不幸的是，我们还赶上了一场暴风雪，不得不在一家中国小客栈里呆了几天。我们把所有能穿在身上的衣服都穿上了，但依然难以抵御寒冷。重新上路之后，积雪很厚，我们只能在不知深浅的山沟积雪中滑行。

我们还在烟台的时候，威海卫已经被日军攻陷了，中国的北洋舰队全毁了，士兵四散逃窜，很多受伤的士兵在严寒的冬季顶风冒雪，徒步 45 公里到了烟台。也有一些牵着驴，用驮篓载着不能行走的伤员，景象极其凄惨。有一名伤兵头部受伤严重，面部和手一片模糊。所有的伤员都住进了中国内地会的小医院里，医院所有医生和护士日夜忙碌，连续医治了几个星期，他们每天都宣讲和平福音。

瑞华浸信会山东差会第一批传教士任其斐夫妇和令约翰夫妇，把他们的孩子都送到了烟台中国内地会学校。第一个送到烟台内地会学校读书的孩子是埃格龙・瑞奈尔（Egron Rinell），最后送去的是斯韦亚・林德伯格（Svea Lindberg）。埃格龙 1900 年开始到内地回学校学习，斯韦亚于 1921 年毕业。李安德夫妇（the Leanders）[7]和棣全德夫妇（the Lidquists）[8]也把他们的孩子送到这里的学校读书。

在青岛的时候，曾经有人问我们为什么把孩子送到烟台那么远的地方去读书，乘船旅行费用也很高。我们的回答是：我们不能把孩子送到天主教徒教师教书的学校去读书。德国人常常雇佣天主教徒做他们开办学校的教师。

烟台中国内地会学校是值得向人们推荐的最好的学校。学校以良好的秩序和严格的纪律著称于时，以各种方式无时无刻地体现着基督精神和爱。学校的教师都是真正的基督信徒，无论男女，都虔敬神，一心一意培育学生的身体和精神健康成长。有一名叫康拉德・L（Konrad L）的学生，总是愿意闹点事，制造麻烦，但他在离开学校以后忏悔了，现在成了加拿大一位牧师。在年轻人的心中播下的种子，早晚都是要发芽的。内地会学校每天都做早祷和晚祷，唱赞美诗，诵读圣经。礼拜日上午，男校和女校全体都去领事山（the Consulate Hill）教堂做礼拜。我自己也去过那里做礼拜。下午，学校还开办主日学校。我们的孩子都承认他们信仰神，我们的小女儿在烟台海水中受洗，她收到了一份证书，上面写道：

7　瑞华浸信会山东差会传教士，1907 年辞职回国——中译者注。
8　瑞华浸信会山东差会传教士，1911 年退休——中译者注。

兹特证明斯伟亚·S·林德伯格（Svea S. Lindberg）小姐于1918年8月4日在此地受洗，热情向您推荐，祝她成为您教会活跃的一分子。

中国内地会菲尔斯（A.H.Faers）牧师，1931年9月于烟台。

烟台内地会各类学校建于1880年代，有数千名学生在这里从幼稚园读到中学毕业。学校每年都由牛津大学进行通信考试。不同水平的学校，像大学预科，男子中学和女子中学的毕业考试，由剑桥大学进行。这些学校每年7月25号放暑假。幼稚园的小孩子们学做各种手工艺，看起来很有意思。幼稚园特别提倡培养孩子们的动手能力，最好的孩子会被特别表扬。其他人也会受到鼓励。

烟台中国内地会男校

烟台中国内地会女校

女子中学里所有女孩都穿制服。我看过她们的体操表演，令人称羡不已。带队的女教师告诉我说，她曾到过瑞典，在那里学习了林格系列体操（the Ling system)。听她这么说，作为瑞典人，真的感到很荣幸。

在男子中学，参观了他们的足球比赛、跑步比赛和操场操练。炎热的夏季，在学校最大的操场上，有一名教师就像指挥官，学生们就像是士兵，所有人都挥汗如雨。在学校博物馆里，我看到悬挂着一块大木板，上面列有 100 名男孩的名字，他们都是这个学校以前的学生。这些人在第一次世界大战中献出了生命，人们视他们为英雄。现在，第二次世界大战已经结束了，这块大木板上又要增添一些新的名字。

夏天，这里的学生们在海里游泳，每个孩子都必须学游泳。开始的时候，如果有谁害怕就带到对面海滩上，那里有一只小船，把这些害怕下水的孩子用这艘小船载着划到海里去，到了海里以后，就把他们扔下水。当然，教师们紧跟着他们，必要时会施以援手。学校还经常举行游泳和划船比赛。

1899 年秋天，由于过于劳累和紧张的工作，我的身体出了问题。心脏跳动不正常，夜间盗汗，睡不好觉。大家建议我到烟台去，中国内地会在那里为传教士建了一个小型疗养院。于是，我换下了我很荣幸地穿了七年的中国服装，启程去了烟台。烟台内地会疗养院是热心的斯多克（J.A.Stooke）家族建立的，斯多克家族是 1877 年到中国的 100 名传教士成员。任其斐弟兄陪我一起到了青岛，安排我登上了去烟台的轮船。烟台秋天的气候很好，我可以在那里治疗和休养。到烟台后，我住进了内地会疗养院，在那里的一个小房间里呆了三个星期。库娄森（Gulovsen）医生为我看病，他也是瑞典和挪威驻烟台领事。我对这位医生说："我夜间盗汗，有人猜测说我得了肺结核。请你给我检查检查，看他们说的是不是真的。"医生为我做过检查后说："你的肺部没有什么问题，但你严重贫血！"这一诊断结果给了我很大鼓励。经过三个星期疗养，我恢复得非常好，可以陆路旅行返回宣教地了。在那以后的四十多年间，我再也没有得过什么病，没看过医生。每当我写信给瑞典浸会国外差会总部秘书说我可能需要回瑞典的时候，他很精明，只要是他处理我的信件，这一类问题从不复信。赞美神赐予健康这一宝贵礼物！

早在 1860 年代，美国南浸信会教士花雅各（J.L. Holmes）和海雅西（J.B. Hartwell）就从上海来到烟台。花雅各定居烟台，并在这里开展工作；海雅西则继续西行，去了登州。不久以后，在烟台的花雅各于1861年10月遇害。从那时起，美国南浸信会在烟台就不再开展工作，直到1906年黄县的斯蒂文斯（P. Stevens）和摩根（E. l. Morgan）来到烟台。同年，斯蒂文斯和摩根在烟台建立了一所小教会，有二十四名成员。稍后，浦其维（C.W. Pruit）博士到了烟台，他与妻子一起主要负责办学和作文字布道工作，浦其维博士翻译了一些作品。

后来，随着烟台浸信会的不断发展，需要建一座较大的教堂。美国差会总部寄了一些钱，但不够用，于是又在中国募捐，也没有凑足兴建新教堂的资金。

花雅各夫人，被杀害的花雅各先生的遗孀，早年在登州曾收养了一名小乞丐，姓王，花雅各夫人给了他良好的教育。这个人后来发展的很好，成了天津一名有名的商人。当他听说了美国烟台浸信会教堂资金不足的事情之后，捐献了1400大洋，希望建一座教堂来纪念花雅各夫人。新建教堂大厅可容纳1000人的座位。

美国北长老会差不多与南浸信会同时在烟台开展工作。长老会的工作一直没有间断，直到两年前因为战争的关系才结束了他们在烟台的事业。倪维思（J.L. Nevius）博士和郭显德（H. Corbett）博士是美国北长老会在烟台工作的先驱，年轻的时候，他们的足迹踏遍了山东东部地区的山山水水，广泛传布福音、布道小册子，免费分发福音书籍。他们赢得了很多皈依者，建立了许多布道站。美国烟台长老会的第一个布道站设在市外一座叫毓璜顶的小山上。这里建有各类学校和医护人员齐全的医院。倪维思博士是个非同寻常的实干家，他不仅为慕道者和年轻人编纂基督教书籍，还从加利福尼亚引进了桃树、葡萄、草莓以及其他一些有用的植物，这些植物今天不仅生长在加利福尼亚，而且在山东省境内广泛种植。

长老会在烟台市内中国人居住区开办了一座小型博物馆，多年来一直为很多人赞赏。博物馆里每天都向参观者传布福音，出售或免费散发基督教书籍。博物馆的守门人是个侏儒，但身残志坚，信奉了基督，成了基督信徒，经常向来博物馆的观众布道。这里也不时有其他布道员前来帮助他宣讲福音。怀恩光（J.S. Whitewright）教士或许就是受这里办博物馆的启发，在青州城里办了一座较大的博物馆，[9]后来又在山东省城济南办了一座人人称羡的

9　即英国浸礼会在青州开办的博物堂——中译者。

博物馆。[10]

登州的梅里士（C.R. Mills）博士与第一任妻子育有一个聋哑儿。妻子去世后，他的再婚妻子曾经是美国一所聋哑儿童学校的教师。他们在登州城里开办了一所启喑学馆，梅里士夫人每个礼拜日都可以用手语向聋哑儿童讲道。梅里士博士去世后，梅里士夫人把学馆迁到了烟台，扩大了办学规模。我曾经应邀前去参观，有幸亲眼见到了这所聋哑学校的情况。山东巡抚孙宝琦作为贵宾，也应邀前去参观。梅里士夫人的同工卡特（Carter）小姐，[11]带着一些聋哑儿展示他们所学到的技能。有一位小女孩，不仅是个聋哑儿，而且还双目失明，灵魂被囚禁在了漆黑的监狱里。在聋哑学校，她信了救主，改变了命运。卡特小姐在这个小姑娘的手上用手指同她讲话，小姑娘以同样的方式与其交流。孙宝奇巡抚观看了聋哑学生们的表演展示之后，当即捐赠1000 两白银，作为这所聋哑人学校的补贴之用。学校当时有在校生大约三十人。

创办中国第一所聋哑学校的梅里士夫人

一生献给中国聋哑人教育的葛爱德

10 美国北长老会和英国浸礼会在义和团之乱后决定合作办学，浸礼会将青州的博物堂迁至济南，取名广智院，后发展为合办的齐鲁大学社会教育科——中译者。

11 梅里士继室夫人中文名字梅耐德，卡特是梅耐德的外甥女，应邀前来协助办学，来华后中文名字葛爱德，一生未婚，把全部的爱都献给了中国的聋哑人教育事业——中译者注。

梅里士夫人说，大部分聋哑儿童，如果不是完全听不见，都可以学会说话。稍微有一点听力的儿童是可以学着说话的，尽管他们说的不是很清晰。这所学校年龄稍大点的聋哑儿童，都学习作手工艺活，争取将来自食其力。一百多年来，基督教差会在中国做了多少工作，唯有神清楚，唯有神能予以奖励。我不清楚中国内战爆发后，烟台这所聋哑人学校是否还在开办。

聋哑学校学生学做手工活以求自立于社会

第三章　登州见闻与经历

登州城位于北直隶湾南岸，距烟台大约 120 公里。登州人说登州是一座历史悠久的文化名城，有居民十万人[1]，是古代贵族的后裔。

1860 年，第一批新教传教士来到登州城里。海雅西是登州城里第一位主日传教士（Sunday missionary），他开始在大街上宣讲救恩福音。就在这时，登州城里的官员们也聚集在一起，商讨登州地方应该如何对待这位传教士的问题。这些官员们认为，如果善待这个家伙，就会有更多的洋鬼子到登州来，在下层民众中胡说八道，制造麻烦。于是他们便做出了一个决定，说除了已经住上了洋鬼子的一所房子之外，其他城里所有房屋一概不允许租给或售予外国人。这一源自官方的规定延续了很多年，致使来这里的传教士们很难找到房子居住下来，即使传教士们总是与官方搞好关系，也没有人租给他们房子，更不要说卖给他们房子了。

海雅西在官员们商讨不再允许出租或售予外国人房屋之前，已经在北城门里租到了一家当铺老板的房子，但由于随后官方做出的决定，他发现再也找不到可用来做公共集会的屋子了。初来乍到的传教士们没有气馁，他们用自己租住的房子做聚会场所，尽管士绅们对传道工作有敌意，但乡下人却愿意来听讲福音。看来宣教工作从一开始就显露出良好发展势头。

1　此说似有误。据 1891 年出版的《山东》一书，当时登州城里连水城在内，人口仅四万余人。见 Alex. Armstrong, *Shantung（China）: a General Outline of the Geography and History of the Province; a Sketch of Its Mission; and Note of a Journey to the Tome of Confucius*, Shanghai: Printed at the "Shanghai Mercury" Office, 1891, p.61——中译者注。

海雅西

1862 年 10 月 5 日，美南浸信会登州北街教会成立，连同海雅西夫妇和花雅各夫人共计八名成员。同一天，又施洗三名信众，吸收他们加入了教会。

1861 年时，捻匪肆虐华北和山东，登州城城门紧闭。一些乡村来的难民和受伤的民众来到城门外求助，城里人从城墙上放下箩筐把一些难民和受伤的人吊到了城里。传教士们开始救助伤病，做了很长一段时间的慈善事务。不过，这一事件打消了城里人的对抗情绪，他们开始对传教士怀有敬意，开始信任他们了。登州浸会的教友们告诉我，捻匪事件之后，登州浸会宣教形势的确发生了很大变化。

1863 年，花雅各夫人在登州城里开办了一所女子寄宿学堂，不过，这所学堂学生最多的时候也仅有八名。同年，海雅西奉召到上海，接替晏玛太回国休假期间的工作。上海的高第丕夫妇来到登州，接替了海雅西的工作。两年之后，海雅西回到了登州，登州城里浸会传教士们之间开始产生意见分歧，导致美国浸会差会总部召海雅西回国。从此，海雅西回到美国，一呆就是十七个年头。[2]期间，他在旧金山华人中传道。

天津城里天主教会领导人的鲁莽行为和法国领事的不明智之举，引发了天津大屠杀（即天津教案——中译者）。当时，天津城里关于天主教修女开办的医院和一些无家可归的孩子的传言，引起了居民们躁动不安。事实是有很多孩子死于传染病，而传言说这些孩子是因为挖掉了眼睛死掉的，中国人认为这些孩子的眼睛被挖去制作鸦片烟了。天津知府要求到那些修女们办的医院去查看，但法国领事很不明智地拒绝了这一要求。法国领事的拒绝引发了暴乱，6 月 21 日，暴

2　从以下行文看，此说有误。海崖西 1872 年又回到登州，他离开登州在美国待了十几个年头的时间，应该是 1870 年代的事。

徒们捣毁了法国领事馆、法国天主教堂和孤儿院，极其野蛮残忍地杀害了18名法国人和两名俄罗斯人。在公开调查了这一事件之后，清廷发布上谕，宣布将两名官员革职，处死20名暴乱头目（据麦高恩：《中国历史》第585页——J. Macgowan, *A History of China*）。

1872年夏，海雅西与他已去世妻子的妹妹结婚后回到中国。到登州后，他发现吴（Wu）牧师在他离开这些年接替了他的工作，严肃认真地承担着他所应承担的责任，非常智慧而娴熟地领导着教会。一些教会成员似乎觉得海雅西马上就是教会领导人了，所以他们就不再有支持本地牧师的责任了。然而，吴牧师大胆提出了反对意见。"他对教会里的人说他正准备辞职，他从没想要做领取外国牧师薪水这样的教会的领导。现在与一开始时候的情况不同了，那时候外国传教士第一次来，介绍基督教信仰，建立教会，兴建教堂，大家崇拜外国传教士。但是，现在不能还期望或者要求外国人来供养教会领导人了。现在我们大家已经组织了教会，希望能维持现状，直到主再降临。我们现在不能依赖外国传教士，而是反过来，外国传教士应依赖中国教会。"吴牧师是个视野开阔、有洞察力的人，他清楚中国教会将来应该怎样发展。时至今日，像吴牧师这样的人还是太少了。吴牧师认识到了外国差会只是一种慷慨援助形式，不能指望它来养育中国基督教会，中国基督教会要在中国土壤中生根发育成长。

1893年秋天，海雅西最后一次回到中国和登州，他又活力十足地承担起美国南浸信会登州差会传教士和牧师的职责，这是他的一贯特点和工作作风。尽管已经六十多岁了，但他一连数月召开培灵会，唤醒和挽救了很多信徒。早在海雅西离开之后搬迁到上庄（Shang Tswang）的北街教会，又回到了登州城里。许多过去的老教友都已经离世了。记得在回来的教友中有一位李姓男教友，回到登州城里后容光焕发。

海雅西在美国期间，曾遇到过一位叫布什（J.E. Bush）的富人。当时美南浸信会山东差会急需有一所神道学校培育优秀的布道员和牧师，布什先生为此捐赠了一万美金，于是海雅西就在黄县建了一所神学院。海雅西担任这所神学院的院长，他的同工浦其维博士和一些中国教友担任教师。这所神学院现在还在办着，多年来，我们的一些布道员和牧师都在那里接受过教育。老牧师臧玉廷（Tsang Uh ting）的一位侄子勤奋工作，出版了我们最近编辑的赞美诗集。目前，自从美国南浸信会传教士离开中国以后，这所神学院经济上有些困难，但他们还是继续尽最大努力工作。我们差会给了他们一些支持。

浦其维和女儿

海雅西博士结过三次婚。第一次婚姻有三个孩子，在妻子去世后，他不得不带着年幼的孩子回到美国。他忠诚的厨师、后来为我工作的孙维玉（Sun Wei uh），那时陪同他沿途照料孩子，一同去了美国。孙在这次旅途中长了很多见识。有一次，他告诉我说他看到日本人男女裸体共浴，他觉得这是最野蛮的行为。他还不了解日本文明中的有些东西。当我问他对美国最深刻的印象是什么时，他回答说："死板。"

海雅西博士是在烟台去世的，但却为了观看蓬莱阁、"水城"和大海，葬在了登州北面的礁石滩上。他与他的前两任妻子以及第一任妻子的两个儿子葬在一起，墓地质朴清净。墓碑在动荡不安的岁月里很可能已经毁坏了。比海雅西更有名的一些人的墓碑，在动荡的年代也都毁掉了。

关于海雅西博士晚年的情况，他的女儿安娜（Anna）这样写道："1897 年，他病得很重。身体稍微恢复后的一天早晨，他跪下来祷告，站起来时听到一个声音说：'看，我又给了你十五年生命。'后来的十五年间，他为黄县的神学院积极工作。那之后他又得过一两次病，每次患病，他的医生都预测说那可能是他在世上的最后时刻，但他却告诉医生说：'还不是时候，神与海雅西有约定，你们医生对此毫无所知。'临终前，他的眼睛执意望着上方，脸上显露着微笑，向那些如同神的孩子一个一个、成双结对来看他的基督徒们致意。最后，他向家里人温和地说了一声再见，宛如见到了敞开的天堂之门。他就这样睡着了。"

1870 年返回登州继续办学的花雅各夫人与她的中国同工和学生

1870 年，花雅各夫人回到了登州。在一所比较舒适的新房子住下了之后，她又开办了一所女校。许多妇女都来看她，来看她的新家。在一座小教堂里，她教给她们通往救恩和生命的道路。[3]

前面介绍过花雅各夫人曾收养了登州街上一名小乞丐，照顾他并让他上学读书，这里我还要补充两句。我亲眼见到了这个人，他在 1893 年访问登州，到这里来看望美南浸信会传教士和他的朋友们。他的举止像一位真正的绅士，他自己介绍说他是一位基督徒。然而，有谣传说他吸食鸦片。性格软弱之人寻求乐趣，往往沾染上这种恶习，会严重伤害一个人的身体和灵命。

高第丕博士夫妇 1863 年到登州来领导这里的差会工作。海雅西从上海回来后，继续照料北街教会事务，他们协议商定，高第丕“将在登州城里其他地方独立开展差会工作”。

由于在戚家牌坊街买房子很困难，这一协议的执行推迟了。传教士要买房子的阻力太大，高第丕只好请他的汉语教师去买下房子，然后再从他的教师手里租用这所房子。高第丕要搬进这所房子的那天，消息传出之后，城里人立即开始群起阻挡。各处贴了许多告示，要人们去阻拦高第丕搬进那所房子。这件事情轻易传到了烟台美国领事那里，他立即来到了登州，与地方官员取得联

3　耶稣曾说＂我就是道路，真理，生命”。这里“救恩和生命的道路”就是耶稣自己——中译者注。

系，解释高第丕租用这里的房子是根据条约所享有的法定权利。第二天，高第丕一家在美国领事在场的情况下搬到了那所房子里，这时候那所房子的大门上张贴着美国驻烟台领事的告示，上面盖有美国领事的官印，而院子里则高高挂着一面美国国旗。这一事件说明在那个时代，要建立一个新布道站是何等困难。现在，像这种抵制传教士租用房子的骚动，已经很少见了。

1872 年，建了一座大的很适宜的教堂，命名为“圣会堂”（Holy Church Chapel）。这座教堂能容纳三百个座位，在讲堂中间位置立有一道屏风，这样可以把听讲的男女分成两边，互相都见不到。讲堂的正前方是讲道坛，讲道坛下面是浸礼池。一个礼拜日下午的主日学看到的一幕，至今难忘。有两个人站在教堂门外向里张望，我挥手示意让他们进来，可他们立刻跑走了。后来我把这件事情告诉了这里的教士们。“你是怎么挥的手，令约翰弟兄？”高第丕夫人问我。我向她做了一遍我那一次的挥手动作，他告诉我说：在中国，请人进来挥手时要手指向下，否则的话那就是要人离开。在中国，有这么多事情是和欧洲相反的。这是我这位新来者犯的第一个错误。

读者听听高第丕富有哲理性的格言，也许会觉得很有趣。就我记忆所及，有以下几句：

“对于一名传教士来说，有个好胃口要比有个好心肠重要得多。”这听起来似乎很奇怪，但却更符合事实。比如说，在我们差会，有三个人就是因为胃口问题不得不离开中国，可没有一个人因为心肠的问题离开中国。

登州圣会堂

“永远不要摘没熟的水果。”不管你喜欢吃酸苹果还是甜苹果。这句话也适用于差会工作和教会生活。事情一定要到水落石出的时候才能做出正确的判断。

“如果你爱你的教友，就永远不要借钱给他。”在中国，金钱常常更多时候带来伤害，而不会使人愉快。我知道有一位中国教友，他第一次向他的牧师借了两千“京钱”（Peking cash）[4]，按期还了。过了些时候，他又从牧师那里借了四千京钱，但这一次他没有还回来，他也很长一段时间不到教会来了。其他人也有过一些类似的经历。

“中国人就像橡胶球，你压着它就瘪下去，抬手就鼓起来。”这种情况非常典型，中国人自己也这么认为。

高第丕博士曾经讲过黄县宣教区一位教士的事情，那位教士非常敏感，极富良知。他一直很不愉快，最后要求离开宣教地回国了。黄县宣教地的教士们不无幽默地写信给国内差会总部，说永远不要再派出有良知的传教士来。在中国宣教区可能遇到很多诱惑和考验，这些诱惑和考验在美国做梦也想不出来。

高第丕博士有文学天赋。早在上海的时候，他就出版了他的第一部赞美诗集。在登州，他编写了数百首赞美诗，有些是他自己写的，有些是翻译过来的。他在赞美诗集中加上了主祷文、十大诫命，建议在婚礼和葬礼上诵读。我们差会很多年间都是用这部赞美诗集。

1867 年，捻匪再次劫掠山东。登州很长时间城门紧闭，就像 1861 年的情形一样。高第丕夫妇在城墙上救人，帮助穷人，救助伤病。此后十年间，他们夫妇坚持助贫救困、救死扶伤，付出了极大努力。在登州期间，他们利用一切机会，宣讲信基督悔改的福音和因信称义的救赎，很多人成了基督信徒，越来越多的农村人相信差会了。得到帮助的人回家以后讲述福音信息，引起了大批人到城里差会驻地接受基督教基础信仰教育，登州美南浸信会为到城里来的这些人提供住处，他们自带食物、书籍和行李。通过这样的工作，在很远的城外南部农村建了一座教堂，这个教堂至今还在。

说到这里，我要简单补充介绍一下高第丕夫人的著述情况。前面谈到，高第丕夫人很多年间参与学校教育工作。她的一些学生现在成了登州美浸会领导人，有一位做了牧师，两位成了语言教师。在不做教学工作之后，她开始了文字著述工作。她用英文写了一本关于差会工作的小册子，题目叫做《苏梅》（Su

4　晚清时期京城使用的制钱（铜钱），一文顶京外制钱两文——中译者注。

Mei）。文道慎弟兄将其翻译成了瑞典文，第一次休假时在瑞典的一些教会中散发过这本小册子。她还用中文写了一本关于三个女孩生活的书，书名就是《三个闺女》（*San ko kwei nu*）。我把这本书译成了瑞典文，赫尔斯卓姆（E.W. Hellström）编辑将其发表在一份儿童杂志上。最后，我想说一下教义问答书的问题。有一本教义问答书是高第丕夫人写的，最初的名字是《小问答》，曾在登州木板印刷过。高第丕夫人去世以后，美华浸信会印书局（the Baptist publishing house）做了一些修改，以《青年人问答》为题重印了这本书。这本书的内容包括圣经历史、基本教义概要，写得非常精到。我们差会在城乡开办的小学中以及为妇女儿童开办的读经班中，都使用这本问答书。她还写了一些供妇女和儿童背诵的简单祈祷文，有瑞典文本，翻译成英文如下：“亲爱的天父，怜悯我，饶恕我所有罪孽；帮我学会救赎办法；让我成为好人。天上的父，保护我免受疾病之苦；赐予我足够的衣服和食物。慈爱的父，帮我丢弃所有世俗心，唯独崇拜你——真神；帮我信靠救主耶稣，死后入他天堂，享永生荣耀。阿门。”

文道慎和我有两年夏天就住在这位尊敬的教士家里，我们亲眼目睹她是怎样在每个星期一乘坐一顶轿子到乡下去，星期六回到城里。1875 年，她访问了 131 个村庄。在乡下村庄里，她坐在中国农村的炕上，妇女和孩子们一整天也都围着她坐在炕上，她给他们读经、讲经。有一次，我们问她这样做工作，希望能有什么样的结果。她很平静地说：“我想他们中有很多人都找到了救主，但他们并没有到城里来接受洗礼。我希望在天国里遇到这些人。我要尽我最大努力去做事情，结果让神来做主，在神面前，我们所有人都一样重要。”

礼拜日留在城里不到乡下去的时候，她参加主日学，常常到一些人家里去走访。在女传教士中，她是王后级的人物。在她已经 64 岁时，还参加芝加哥大学一位教授的通信课程学习神学。

1893 年，高第丕夫妇因为与差会政策产生了分歧，离开登州去了泰安。1900 年义和拳乱时，和其他传教士一样，他们开始逃难，最终选择了回美国。1902 年，高第丕博士去世，葬于道森市（Dawson City）。这时高第丕夫人已经 84 岁高龄，还准备回到中国。朋友们都说她应该呆在家里，哪也不要去了。“不”，她说。“神曾召我到中国，这个召唤没有过时。”1907 年，我在上海遇到过她。1909 年，她在一群追随者陪伴下去世，很多年间，她一直在这些人中间工作，夫人去世后葬在了泰山脚下。高第丕夫妇结婚后一起为差会共同工作了五十年，但去世后却各自分别葬在了东、西两半球相距遥远的国度。

晚年的高第丕夫妇

埃德蒙尼亚（Edmonia）和穆拉第（Lottie Moon）两位女士，名列美南浸会登州地区宣教士先驱行列。埃德蒙尼亚在中国呆的时间不长，但穆拉第一直在中国工作到晚年。穆拉第小姐 1840 年出生于弗吉尼亚州，青少年时代，她学习过多种语言，其中包括希腊语，所以她可以读希腊文原版新约全书（Novum in its original language）。除了圣经，她读过的书中印象最深的是《安·贾德森回忆录》（*Ann Judson's Memoirs*）和托马斯·肯皮斯（Thomas a Kempis）的作品。[5]谈及她的信仰问题时，她告诉我们说："我去参加聚会，说了不该说的话，回家后祷告了一个晚上。"在听了一次传道演讲会之后，她说："我很长时间以来就清楚，神召我去中国。现在，我就准备到中国去。"她原则立场坚定，对教会忠诚。作为一名传教士，她全力协调差会领导与母会的关系。每当她要求国内差会总部派出新传教士时，国内总部总是做出积极响应。她丝毫不理会单身未婚女性的身份，坚持要到国外宣教地去。她一生在宣教地经历了极其艰险严峻的考验，自从离开学校工作以来，她就全身

5　文艺复兴时期欧洲宗教作家，积极提倡灵修，一生主要从事带有宗教内容的创作，广为人知的《效仿基督》一书即是他的力作。

心投入到了在城市和乡村的布道工作。四十年后，她踏上了归国旅途，这时她已经 72 岁了。归国途中，她病得很厉害，身体极其虚弱，1912 年平安夜，在神户与世长辞。

1905 年，我们差会来中国的第一位传教士文道慎返回中国，在登州城里为美国南浸信会工作，但工作了一年多后，由于妻子身体健康的原因，又返回美国。此后，他在美国许多讲瑞典语的教会中担任过牧师，工作出色。

1894 年夏，中日之间爆发了甲午战争，日本人从海上炮击登州。一发炮弹落到了穆拉第小姐住处的阳台上，击毁了半边阳台。虽然城里没听说有其他地方遭炮弹炸毁，但城里人还是成群结队往乡下跑。

在结束关于登州见闻的叙述之前，我不能不说说我们瑞典浸信会来华之初受到热情接济和帮助的一些事情。最初，文道慎在华中各省到处旅行，没有感受到神的启示要他在什么地方停下来。于是他就继续旅行来到了山东。

1892 年 1 月末或 2 月初到了烟台之后，他来到美国南浸信会离烟台最近的布道站登州。那时，登州有两个美南浸会传教士家庭和三位单身女传教士。那时恰值严冬，天气很冷，年龄最长的高第丕家仁慈地收留他住下来，照顾他。他们建议他在他们住处的南面一处地方安顿下来。这样他们就成了邻居。年长且富有经验的高第丕给了他很多有价值的建议和鼓励，文道慎几乎成了他们家里的孩子。

穆拉第

休息了几天，经反复考虑，文道慎决定到莱阳、胶县、高密这些地方去考察一番。鲍斯德克（G.P. Bostick）和金（D.W. King）两位弟兄陪伴他一起到这些地方考察，前后一共十来天时间。在上庄（Shang-Tswang）地方的山区，他们遭遇了暴风雪，寒风刺骨，冻得他们浑身发抖，文道慎说他“回到登州就剩了半条命”。在上庄，他们遇到了一个臧（Tsang）姓基督教人家，对他们倍加照顾，家里一位老人夜间还为他们祈祷。在床上养了几天身体，文道慎便启程到上海接我。我们碰面之后，他告诉我说差会宣教地将确定在卫生、风景秀丽的山东。这真是一个好消息。

我们在上海、宁波停留了一两个星期，随后经烟台到了登州，住在尊敬的高第丕家里。在这个家里，我开始学习中文，文道慎继续做他的事情。与金弟兄一起给广州的格雷夫斯（R.P. Graves）和汕头的耶士谟（William Ashmore）写了封信，请他们给年轻传教士提点建议，推介一些差会工作方法。格雷夫斯回了一封像保罗给提多的书信（Paul’s letter to Titus）一样规模的信。信中谈了关于一个健全的差会政策的八点意见，其中最重要的则是三十六年间积累的经验。我这里保存有一份他这封回信的副本，很想把它复述下来，但这封信太长了，所以还是忍住不予复述为好。耶士谟的复信有五个要点。他是一位伟大的中国教会“自我救助”（self help）的崇拜者和宣传家。他的这封回信，比保罗给腓利门的书信（Paul’s epistle to Philemon）稍长一点。

1892 年秋天，文道慎和我离开登州到了平度。当我们去高第丕家里向他道别的时候，恰巧碰到了了一位北沟（Poako）来的王姓教友。他听说我们要去胶县开展工作，随即对我们说：“那是一个老港口，现在已经衰落了，很不景气，差会在那里开展工作不大可能成功。你们两个外国年轻人为什么不留在这里帮助高第丕牧师，他年纪越来越大了，不能太多到乡下走动了。”

1893 年，由于文道慎身体健康状况不太好，我们不敢独自呆在内地，就来到了登州，与高第丕一起度过了到中国来的第二个夏天。正像我在烟台见闻与经历那一章中所记述的，文道慎秋天启程回瑞典了。他和高第丕夫人为我雇了一个佣人，陪我乘坐一种叫做京车（Peking cart）的大车到胶县。从登州到胶县，行程 250 公里。

或许在这里应该说说那年夏天的几个月时间里，我们在登州有幸每个星期日都参加一个基督教家庭的英文礼拜。我记得狄考文（Mateer）博士宣讲菲利普·布鲁克布道的情景。在这里听布道，会使你想到苏格兰教会里的基督徒感激他们牧师的布道辞精妙绝伦，说听他们的牧师讲道，"就像是在品尝冷布丁"。我还记得长老会很长的一段祈祷文。愿神祝我们布道，在圣灵里虔诚祷告。不管人类有什么缺陷，至少我们的灵魂得受教导，这对我们至关重要。对一名在外国土地上的传教士来说，必须不断涮新精神，提振自己。

翌年（1894）春天，我到上海迎接从瑞典国内新来的三位传教士。在我们会面之后，便一同来到了登州住了下来，这已经在前面说过了。任其斐夫妇和安娜·霍茨（Anna Holtz）住在巴腾(Barton)小姐的住处[6]，我则与海雅西住在一起。8 月 28 号，我们四个人一起启程去平度和胶县。我这里说的"四个人"，其实不完全对，因为五月份的时候，我们第五位瑞典人艾格伦·瑞奈尔（Egron Rinell）降生了。这是我们在中国宣教地诞生的第一位新成员，在我写这本小册子的时候，他已经五十岁了。我一直想把这些情况记录下来，叙说一下我们差会之初所得到的帮助和基督之爱，我们的差会工作与美国朋友之间的联系。不过，本章就到这里吧，这些都留待后面详述吧。

6 这里的英文姓氏 Barton，与前面提到的 Barten 应是一个人，未知哪一处印刷错误——中译者注。

第四章　平度见闻与经历

对一名传教士来说，精神上警醒神指引的马其顿呼声（the Macedonian cry）是很自然的事，就像保罗在特罗亚(Troas)异像中听到“马其顿的呼声”一样。传教士们的责任是撒播福音种子，随时随地传布福音，并要睁大眼睛注视着他们的宣教地，查看这些福音种子如何发芽开花结果，以便有所收获。

传教士海雅西（Hartwell）就具有这种精神，因此他很快就注意到了离登州 30 公里的黄县（今龙口市），黄县位于登州南面（实际是西南面——中译者）。我自己至今已往返黄县和登州好多次了，每次都是骑着驴。黄县人和登州人一样，思想保守，敌视外国人。海雅西全然不顾他们的敌意，很快在那里租了一所房子，但由于城里人的敌意，只住了不长时间，就住不下去了。“试图在黄县开辟一个布道站的企图，最初遭遇到暴力反抗。”

不过，后来有一次到黄县访问，向一群人布道之后，住进了一家中国小旅店。过了一会儿，有一位年轻人，穿过一条小胡同，偷偷地来到了他住的小旅店。这位年轻人提了好多问题，都是关于刚才在街上听道时听到的。这样以来，海雅西有了向这位年轻人解释救恩的机会。上帝打开了他的心灵之窗，他成了一位真理的认真追求者，发现了珍贵的救赎之宝。于是，海雅西要在护城河里为他施行洗礼。时值深秋，护城河里结了一层薄冰，他们先打破薄冰，随后施行了洗礼。

这名新皈依者叫谭宏邦（Tan Hong pang），不是黄县人，而是平度人。平度一带每年夏季几个月有很多人到黄县来做营生，谭就是他们当中的一员。谭决定成为一名基督徒，引领布道工作到了他弟兄的村庄沙岭（Saling）。

浦其维（C.W. Pruitt）博士和穆拉第小姐是第一批访问平度的传教士，并开始在那里开展工作。1889 年，浦其维在平度最先施洗教徒,组建了沙岭教会。穆拉第在那里工作了很多年,取得了巨大成功,有时在城里开展工作,有时也在农村。她赢得了农民的极大尊敬和信任。“穆姑娘”这一称呼，常常挂在人们的嘴边上。确实，有些人甚至以为所有的传教士都叫穆姑娘（穆拉第小姐的中文称呼），无论男人还是女人。很多时候，人们就称呼浦其维为穆姑娘。

平度县有很多不同的宗教教派。我不知道谭宏邦（Tan Hong pang）是不是属于这样一种教派，有一个教派的人通常是一些寻求救赎和真理的人。

“老天门”（Lao Tian Mun），一个古老的天堂宗教教派，在平度有很多信徒。冬天我呆在平度，发现了一份这个教派的十条诫命的抄本，内容如下:

1. 不诽谤邻居
2. 不撒谎骗人
3. 不拜偶像
4. 不在地上积聚财宝
5. 不用我们的教义敛财
6. 男女不聚首
7. 禁欲，不禁食，冥冥上苍准予进食所有滋补身体的食物
8. 不要依赖祭司的书和话语，凡事凭良心
9. 不要迷恋忏悔求得赦免
10. 不要向任何人哭穷，不要乞讨，讨好富人，富人会看不起你

1892 年秋季，文道慎和我迁往平度，在那里度过了我在中国的第一个冬天，继续学习汉语。我们借住在黎格（T.J. League）家，他们乐于助人，十分好客。下面我就告诉大家我们在平度的生活状况。我们的寝室有一铺中国的大炕，上面铺有厚厚的麦草褥垫。其他床上用品用的是我们的旅行铺盖。炕下的地面不是很大，屋外是个回廊，南向镶有玻璃窗，回廊有一道门，入口在北面，门镶有玻璃。门窗玻璃使回廊里有足够的亮光。整个冬天，我们就在这个回廊里学习汉语。没有炉火，冬天冻得直打哆嗦。文道慎穿着一双大草靴子，草靴子外包裹着许多皮子。看上去像是野蛮人穿的东西。我还记得他蹦跶着到院子里，在雪堆之间跳来跳去让自己暖和一点的样子。这就是我们那个冬天许多个下午保暖的方式。

十九世纪末年平度马家庄富裕人家的幸福生活

每当文道慎和他的教师一起学习的时候,我总是带着手套,在寒冷的屋子里走来走去,默记写在一小张纸上的一个个汉字。这个古老的学习中文的方法，早在公元 550 年中国一个皇帝的皇子们就开始使用了，那时他们是把 1000 个汉字写在竹简上，后来才写在纸上。一个古老的传说告诉我们：有一天，梁朝的皇帝要他的教师把这 1000 个字用文章的形式写下来，每个字都不重复，命令这项工作第二天就必须完成。据说这位教师一个晚上就做完了，第二天早上，一头漆黑的头发变得雪白。他用 1000 字写成的文章至今仍在使用，人们称之为“千字文”，一千字的经典。我就用这个东西作为我学习汉语的教科书，学习汉字的发音和字义。

关于我们的教师，这里我要多说几句。他要比我们在登州时的教师好一些。他姓孙，非常受人尊敬，拥有廪生头衔，相当于瑞典的硕士学位。他每次来到我们院子的时候，总是要咳嗽一声，表明他来了。中国人从来不进入别人家没有人的屋子。在别人屋子里的时候，如果屋子的主人站起来走出房间，那么这个人也总是要跟着走出这间屋子。这样做是为了避免一个人单独在屋子里，万一有什么东西丢了被人怀疑。

有一天,我们的房东正在跟着他的教师学习,突然高声喊道:“神来了(Shin lai liao)！他的教师抬起头来，感到很惊讶，神怎么来了呢？原来，黎先生从窗户望见外面的邮差了,于是大喊起来。在那个时代,中国还没有现代邮政业务，所以我们只好雇佣一个邮差往返烟台和平度送、取我们的邮件。邮差往返一个来回要 20 或 25 天时间。每当邮差来到时，我们每个人都激动地跑着出去查找他带来的信件、报纸、书籍、汇款单等，看有没有自己的。那时候还不像现在这样，邮差会偶尔遭遇抢劫。

我们的房东黎教士是在黄县开始学习汉语的，那里说“信”这一类发音没有舌面音，听起来像“神”。他到了平度后没有改变黄县的方言，或者说是他还不会说 sin——信这个发音。这就是他的教师会惊讶神怎么来了的原因。在平度和其他一些地方，God——神的中文发音是“shin”。

在中国内地会 1865 年建立之前，伯恩斯（William Burns）和戴德生博士曾一起在江苏和浙江工作过。后来，伯恩斯到了北京，并把《天路历程》（*Pilgrim's Progress*）翻译成了官话汉语，或许其中夹杂了一些北京方言。当问他为什么方言改得这么快，他回答说：“我就像一个小孩子，忘掉一种方言和学习一种方言一样快。”这是他的一大优势，并非是每个人都可以做到这一点。

近些年来，新到中国的传教士们可以到北京的语言学校学习，他们比 50 年前来中国的传教士们学汉语好得多也快得多。不过，如果很难忘记北京方言，学会其所要奔赴开展工作地区的方言的话，那他的工作就会困难重重。重要的问题在于人们要能够听得懂你说的话,不管你是说文言、白话还是地方方言。如果你学不会地方方言，就不可能达成目标。这将是差会的损失，也是上帝之国的损失。

这里我不得不说说在平度经历的两件十分糟糕的事情，这两件事能够说明异教的丑陋。

一天傍晚，学习了一天之后，我们出去散步放松一下。不久，我们漫步到了城郊，听到有人在痛哭地喊叫。顺着喊声望去，看到一个大约 15 岁样子的孩子被绑在一棵树干上，天寒地冻，那个孩子浑身赤裸。一位男子站在他旁边，手里提着一根木棍，就是这位男子把这个孩子绑在树干上，正在不依不饶地打这个孩子。我们大声朝这位男子喊道：“你这么残忍，不怕上帝惩罚你吗？”他大声回大说：“我不怕上帝，也不怕你！”他的回答令我们感觉很恐怖。

有一天，我想大概是 2 月份，一位男子提着一个布袋，里面装着两颗人头，来到县衙门前，把人头倒出来，上前击鼓。在清朝，每个县衙门前都有一面大鼓。每当有人击鼓的时候，知县不分白天黑夜，都要立刻升堂问案。

知县升堂以后，那个男子讲述了他令人悲伤的故事。这个男人的家在城北高王山（Kao Wang-mountain）附近一个村庄，他离家到外地的时候，妻子有了情人。有一天晚上，他突然回到家了，发现妻子和情人睡在自家的床上。他拿了一把大刀杀了他们，并把头砍了下来。

知县没有指控这位男子，也没有逮捕他，而是给了他 4000 制钱，让他回家又买了一个媳妇。知县这样做是合乎伦理的，他这样做是要人们知道怎样对待这一类事情。有一句佛教谚语说："万恶淫为首。"[1]

1992 年秋天，我们去蓬莱（Peng-Lai）参加一个 10 月在沙岭举行的会议，[2]沙岭是谭宏邦的老家，离平度县城 12 英里。这里的教会是 1889 年建立的，刚刚三年时间。这时还没有教堂，所以会议在谭弟兄的小房子里召开。谭兄弟的房子有三间屋子。中间屋子里有一盘手推磨，靠门的地方有一边有一个砖砌的大灶。西间屋在会议期间是他们家的卧室，东间屋用来开会。一些会议代表盘腿坐在炕上，其他代表坐在炕沿上，或者坐在屋子里的小凳子上，相当拥挤。

谢万禧（Wiliam Sears）博士被选为会议主席，他的汉语教师臧玉廷（Tsang Uh ting）担任秘书，会议就这样开始了。第一项内容是读圣经，唱圣歌，祷告。这里不打算叙说会议的具体讨论情况，但我记得黄县来的姜廷柱（Kiang Ting chu），提了许多建议，讲了很多话。会议通过了一项章程，坚定了大家的信心。这个章程至今仍在使用，尽管已经做了一些小的修正。

我和文道慎是作为客人被邀请参加会议的，我们俩和其他几个人在这个村子附近找了个住处。在去开会地方往返的路上，很多人招呼我们"洋鬼子"（foreign devils）。那时是秋末，窗户上还没糊纸，大家都冻得够呛。

高第丕博士邀请我们参加蓬莱（Ping-Lai）会议时，[3]参加会议的只有四个小教会。自那时以来，已经有了惊人的发展，现在已有六个主要布道站，八十一家教会，17800 名教友，仅平度县就有三十五家教会。

在那时候，只有谢万禧（Effie Sears）夫人会照相。她遵循老天门诫命第六条，分别拍了一张男的照片和一张女的照片。我买了两张，所以我能够在黄县 1933 年举行的四十周年会议上展示 1892 年会议的照片。那张女的照片，我

1　作者误听民间传言。"万恶淫为首"既不是佛教谚语，也非出自佛教经典，而是地道的儒家思想，语出清朝王永彬《围炉夜话》——中译者注。

2　此处 Peng-Lai 应为 Pingtu 之误。胶东一带有两个沙岭村，一在莱州，一在平度，蓬莱没有沙岭村。从这里所说的"沙岭是谭宏邦的老家"一语来看，此处的沙岭是指平度的沙岭——中译者。

3　这里的 Ping-Lai，联系上下文，也应是 Pingtu 之误——中译者。

送给了谢万禧夫人的女儿玛丽——现在的考恩利（Connely）夫人，作为她母亲的纪念品。现在，已经没有人还有那第一次举行的会议的照片了。

出席第一次会议的传教士有谢万禧（Wm H. Sears）、金（D.W. King）、令约翰（J.E. Lindberg）、黎格（T. J. League）、文道慎（Carl Vingren）。[4]

沙岭的工作开展得非常成功，村子庙里那些泥塑的偶像都清除出去扔到了水塘里。泥塑偶像身上的古老的合金制作的护心镜，都给了谢万禧夫人收藏起来。这座庙经过重建，为教会和学校所用，一直使用了很多年。

这里我要说一下谭所遭受他弟兄和叔伯们迫害的痛苦情形。那是快过年的时候，他们要谭和他们一块到祖先们的坟地去上香，他告诉他们说他是基督徒了，不能和他们一块去上香，他们就开始毫不留情地打他，把他像猪一样手脚一块绑到一根杆子上，脸朝下，从村里一直抬到了坟地。但是，他以谦卑和忍耐的心忍受了这一切。他的做法和态度影响了他的亲属，其中有几个信奉了基督，成了优秀的基督徒，加入了沙岭教会。谭弟兄后来做了圣书销售员和布道师，成功为教会服务了四十年。他已经去世很多年了，但他家乡的人依然记得他。他的大儿子是诸城的一名邮差，已经工作十一年了，给了我们很大帮助，这方面的情况我稍后再叙。

我们在平度时，教会刚建立不久，还没有教堂。不过，奈特（Fanny Knight）小姐经常讲起一位银匠夫人，她对基督教很感兴趣，成了一名基督徒，接受了洗礼。教会建立后，她成了第一批成员之一。

我们在平度呆到冬季，文道慎和我去诸城租了一间屋子。这次租房成功，多亏了勇敢的小旅店店主吴。我们在他的小旅店住了几天，感觉很舒适，但还是很冷，房间潮湿，很脏。每天随时都有来来往往的旅客，他们的驴子也不时地嚎叫。1893 年 1 月 27 日，文道慎在日记中写道："这是我在中国最幸福的日子，租到了一所房子。赞美上帝！为瑞典浸信会开辟了一处布道站，我们在中国有了自己的城镇。"租到的房子在小桥街。

我们从平度搬走后，美国浸信会差会总部派出了一名医生——兰德尔（H. Randle）。他驻扎平度，住在一所整修的中国房子里。在西郊大街上，他租赁了一处房屋，开办诊所。有一天，一位男子到了他的诊所，一根手指头留着毒

---

4 上文说高第丕邀请参加会议，但不知道这里参加会议的人为什么没有高第丕，疑误。1892 年时高第丕为美国南浸信会登州差会负责人，到平度参加会议，应该是平度差会负责人邀请的——中译者。

血，兰德尔医生切去了这个手指，但毒素沿着手臂上行，于是又切掉了他的一条胳膊。就这样，这个男人不能劳动了，于是兰德尔医生雇佣他照看奶牛。我还记得他从地里满头大汗地赶着那头难管的奶牛回来的样子。这个男子每个星期日都去听福音，成了一名信徒，接受洗礼加入了教会。有一次教会收集特别奉献时，“单臂李”，喊他的时候，他奉献了 100 吊钱，几乎相当于 100 瑞典克朗。人们对他奉献这么多感到吃惊。当人们问他的时候，他说：“我攒下这些钱原本是为了买个老婆的，但现在我把这些钱献给主，表示我的感恩心情，医生和上帝救了我的命。”

1894 年，已经搬到平度的兰德尔夫妇，秋天买了足够过冬的煤。一度有谣传说他储藏了大量的火药。那时，中日甲午战争刚在朝鲜和满洲打响，由于中国军队溃败，我们这些传教士呆在内地很危险。兰德尔医生在平度遭到了从南方来的开赴前线的士兵们的攻击。

烟台各国领事建议所有欧洲人离开山东内地到沿海地区，以方便保护。1895 年 2 月，任其斐一家和我到了平度，我们到达第二天，一切正常，没什么危险。我的未婚妻头年秋天就到了那里，人们建议我们从实际出发，马上结婚，就像以色列人出埃及一样。2 月 4 日举行了婚礼，兰德尔医生做主婚人，任其斐和谢万禧两家人是证婚人，他们在兰德尔医生准备好的文书上签了名。这份文书和我们的身份证明，都要送交上海挪威总领事柏克（Carl Back）那里。他批准我们的婚姻，在我们的身份证明中和户籍登记员那里做了必要的改动。这是我们差会在宣教地的第一个婚姻。

结婚那天有什么状况？哦，差会驻地吵吵嚷嚷，乱成一团，因为每个人都准备第二天离开这里。由于要准备结婚礼服，我们这对新人花费时间最长。礼服从头到脚都是中国式的，新郎的背后甚至还有一条辫子，但新娘到没有按照农村的习俗裹脚。没有多少食品，所以我们要半饿着肚子睡眠了。感谢兰德尔夫人，她为我们准备了不错的婚饼，中间包裹着很好的东西，这个饼要留一块保存十个年头。当饼送来的时候，所有的小孩子们都开始分享。最后，我们没有忘记感谢上帝，为我们安排了这么愉快的一个傍晚。对我们来说，平度有很多愉快的经历，其中难以忘怀的是我们的两个大孩子就出生在那里。

第二天早晨，车夫索岭（Soling）站在大门外，带来几头驴、骡子和轴子，这些牲畜和轴子是驮载八个大人和六个孩子用的，目的地是莱州西北面的珊珊鞍（Shan Shan Saddle），行程两天，那里有一艘美国战船查理斯顿（Charleston）

号接我们登船。几位太太和孩子们乘坐軳子，我们几个男人骑驴。翻山越岭，远远望去会是好长的一队旅行队伍。翌日，刮起了西北风，天很冷，空中飘着雪花。旅程的其他情况，我想借用任其斐（J.A. Rinell）《瑞典浸信会在华四十年》（*Swedish Baptist Mission in China, a 40-years memory*）一书中第 120-121 页的文字来描述：

> 整个旅程，或乘坐軳子，或骑驴。午夜后不久，我们到达了目的地——一个小渔村。那里的人看到来了这么多人，受到了惊吓，担心我们是日本人，他们开始准备自我防御。当旅行队靠近了时，他们甚至不相信队伍中的中国人，觉得这不是一帮为了和平而来的队伍，而是认为我们都是日本人派来的。于是，他们开火了，武器有几尊中国的大炮，放在海岸边的船上。他们放了很多炮。
>
> 在这种情况下，旅行队除了急急忙忙撤退之外，别无选择。不多一会儿，我们撤退到了一个小村庄，但那里的人们也担心我们是日本人派来的，不允许我们在这里避难。不过，还是有几个人被说服了，允许我们进村。但是，很明显，村里的人整个夜里都在忙着商量，觉得他们最好还是把我们这些客人请出村子。夜间，我们听到邻村不停地施放大炮。
>
> 第二天一大早，大约 200 来名邻村的武装人员过来寻找夜里来的入侵者。我们费尽口舌，说明我们这些传教士不是危险人物，也是为了躲避日本人才来到了这里。最终，他们答应最多留我们呆到中午，如果中午之前没有船来接我们走，我们就必须立即离开这个村庄。中午以后，这里的人们要准备在傍晚庆祝元宵节，这时还是中国人过年的时候，不允许外国人破坏他们的节日气氛。
>
> 我们等啊等，一直看不到战船的影子。而即使战船来了，我们怎么登船？海湾里覆盖着一层冰，一眼望去，看不到边际，一切似乎都毫无希望。但是，中午时分，海中远处一缕烟云升起，那是从查理斯顿战船上升起的！几乎与此同时，上帝让一阵大风吹来，吹裂了水面上的冰，战船放下一艘汽艇，一直开到栈桥来接走传教士们。可是，他们安全登船之后，海面上的浮冰又漂到了一起，覆盖了水面。这一经历，简直就是重演了以色列人过红海在红海得救的一幕…，这是神迹，一生难忘。

谢万禧教士有一位语言老师，值得特别说两句。他叫李寿庭(Li Sheo ting)，沙岭人，是个有天赋、有耐心、敬畏上帝的人。他成了一位布道师，在黄县海雅西（Hartwell）和浦其维（Pruitt）办的神学院学习。后来他被按立为牧师，同时服务于七所教会。没有其他中国人牧师可能走过那么多路，为那么些人施行洗礼。

有一位美国富人，是个基督徒，曾经访问平度浸信会布道站。有一天，他在谢万禧办公室，李寿庭牧师进来了。谢万禧向那位美国富人介绍李寿庭牧师，他们简单寒暄了几句，随后李牧师就出去了，那位美国人继续下一站的访问去了。当他到达上海之后，突然想到李牧师穿的太破烂了，于是就寄了 40 美元支票给谢万禧，让他把钱交给李牧师。有一天，李牧师到谢万禧处，谢万禧把支票给了他，告诉他说给他这张支票是让他穿的体面一些。“很好”，李牧师说，这个村子的教堂修建正好还差这些钱。

1900 年，我们三个瑞典人家庭乘坐一艘腥臭的渔船从胶县逃往青岛。一大清早，有个人肩上背着一个小布包到了胶县我们登船的地方，那正是平度来的李牧师，他眼中流着泪向我们讲述了义和拳怎样闹事，说基督徒们都逃到山里去了。帅德顺（Swordson）弟兄拉他出来，告诉他要做好牺牲的准备，他要回去尽最大努力帮助弟兄们。他带着极大的决心说再见，返回去从事他艰难的工作去了。上帝和他在一起。

同年，城北的一些基督徒被义和拳掠走了，义和拳个个都骑着马。他们把基督徒的辫子绑在马尾巴上，在酷热的夏天拖着他们到莱州的监狱去，从平度到莱州有 50 多公里的路程。过了一段时间，李牧师和帅德顺（Swordson）大胆地到了莱州，成功地解救了这些被捕的基督徒。这些被捕的基督徒中有平度的孙牧师，他在我们胶县地方很有名气。

早在 1900 年 5 月份，我们一家人到平度拜访楼约翰（J.W. Lowe）。星期天，我受邀在一所小教堂（七里河子小教堂）讲道，那里距平度县城有一英里路程。我们骑自行车到了那里。圣灵引导我讲在遭遇诱惑、危险和迫害时的安慰话语。这样的时刻很快就来到了这里，来到了平度县许多其他教会。

就在这危险来临的时候，楼约翰教士和我骑自行车长途跋涉到了黄县和登州。我们到那里时，第一次听说义和拳在山东西部地区造成的破坏，并得知他们正在向山东东部进发。我们立即沿原路返回，往返没遇到任何危险。

兰德尔医生，是英国人后裔，在早期极其简陋的条件下开展了良好有效的医药传道事业。他每个星期天都去诊所向病人们作见证。在他离开之前，成立组建了一家教会。

兰德尔医生走后，从美国来了一位“可爱的医生”——阿雅各（J.M. Oxner）。他继续成功地开展医药传道工作。有一次，他对我说：“我来中国帮助我的传教士弟兄。”他确实是这么做的。1905 年 1 月，正值寒冬，冰天雪地，他一路走来到了诸城，这足以表明他的确是来帮助开展传道工作的。他到诸城的时候，我去青岛送我的孩子们上学，我们一起从胶县去诸城，沿途乘坐一辆马车。雪很深，车子行进很慢，我们走了整整两天。艾顿（David Edén）弟兄病了，阿雅各尽管和我们不是一个差会，但他还是到诸城来了，来回跋涉 118 公里路程。他在中国的时间不是很长，患了胆囊病，送到青岛的医院救治，但无力回天，他去世了，葬在青岛万国公墓。他的遗孀返回美国，再婚后未再回宣教地。

继阿雅各医生之后到平度的是赫恩（T.O. Hearn）医生。1909 年，在他的建议下建起了一座医院，用来纪念阿雅各医生。我有幸到到那里去主持医院落成典礼，骑马去平度，旅程 48 公里。

落成典礼仪式结束之后，邀请了一些客人共进晚餐。在这些客人中间，有我的一位老朋友——前任杨知县和一位穆斯林军官。穆斯林军官因为担心晚餐会有火腿，很快就离开了。第二天，杨知县在县衙门举办了一场小型宴会，我们几个传教士受邀参加。那位穆斯林军官也参加了，他的下人专门为他准备了食品和烈酒，我们其他人喝茶。这表明人类生活的某些不一致性。

阿雅各夫妇

在去参加怀阿医院（Oxner Memorial Hospital）落成典礼的旅途中，骑马路过一所庙，离县城约 5 公里。这处庙宇曾经有两座建筑，北面的一座是两层建筑，有狭窄陡峭的台阶。多年以前，这里举办一次盛大的玉皇节。数百名妇女聚集到这里贡献祭品顶礼膜拜。其中有二三百名妇女要在庙里的地上过夜。很不幸，夜里着了一场大火，如果我没记错的话，有 214 名妇女和大女孩死于火灾。这一偶然事件传播很广，谣言四起，很多人开始怀疑庙里那些泥塑的神具有帮助和保护人的力量。离这处庙宇一公里处有个柳林（Leo Lin）村，村里有几个男人到平度差会研习基督信仰，有的人成了信徒，在他们村里建立了教会。我在一次会议上遇到一位姓王的人，他就是那个村庄的。他给我讲述了那场大火是如何烧起来和很快就势不可挡的情势。

有一位姓侯的中国教师写了一份关于这次偶发事件的传单，目的在于唤醒和警告百姓不要迷信。这份小传单有十句话叙说偶像崇拜的浮华和罪孽。在我们宣教地，这份传单散发了很多年，还制作木板，把这份传单写上去进行宣传。

玉皇在人间生活的时候姓张，有了帝这一封号之后人们开始称他玉皇，认为是普天之下万物苍生的统治者。遇到干旱时，人们就给他上贡品，民间和戏园子里演戏，向玉皇求雨。祭祀玉皇三天，百姓就眼巴巴地等三天。三天过去了，如果还不下雨，再来一遍这种祭祀仪式，这一次是十二天。如果十二天以后还没下雨，就把一棵制作的假树涂成红色搬到太阳地里晒，意思是让玉皇明白这里缺雨水了。据说济南的山东巡抚张先生，多少年以前参加了一次这样的祈雨仪式，但没有求下雨来，于是很恼火，拔出枪来打了玉皇，所以现在他死了！

平度怀阿医院

谢万禧教士精力充沛，布道、办学，足迹遍布全县。在平度县城里，建起了传教士宿舍、一座大教堂、一所女子中学和一所男子专科学院。谢万禧并不是一名杰出的布道者，但却是一位宣教工作的优秀组织者，有着“全能金元”（the almighty dollar）的慷慨。

我们瑞典浸信会在旅行时常常去谢万禧家拜访。谢万禧夫人是个有奉献精神、好客的人。在许多方面，他们都给了我们差会很大帮助。谢万禧仁慈善良，是个天生的乐观主义者。他和她的原配夫人几年前去世了，就埋在他们家的花园里，墓前有一块白色的大理石，那上面隽刻着他们夫妇热情服务的事迹。

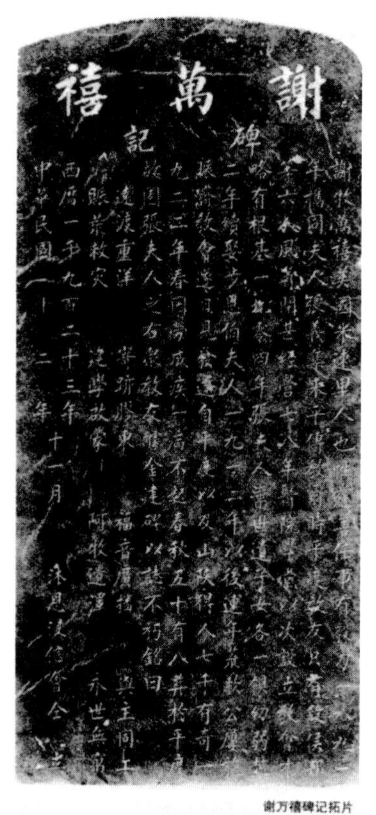

谢万禧墓碑（拓片）[5]

5 碑文全文为：谢牧万禧，美国米速里人也。性慈善，任事有毅力。一八九一年，携同夫人张义集来平传教。尔时，平度教友只有段倏邦等六人，风气闭甚。经营七八年，医院、学堂以次设立，教会才略有根基。一九零四年，张夫人弃世，遗子女各一，俱幼弱。约二年，续娶步恩伯夫人。一九一二年以后，连年荒歉，公屡施赈济，教会遂日见发达，自平度以及山陕得人七千有奇。一九二二年春，因劳成疾，一病不起，春秋五十又八，葬于平度故园张夫人之右。众教友醵金建碑，以志不朽。

第五章　胶县见闻与经历

前面简要记述了我从登州到黄县和平度的见闻经历，现在要详细叙说一下头两年准备去我们的宣教地期间，在胶县主要布道站作为异乡人和兄弟受到了怎样热情的款待。这些布道站既是我们休息的地方，也是教我们如何开展工作的地方。美国南部浸信会传教士们开展工作所依据的国内差会总部的神学理论和实践，与我们国内差会总部的理论和实践是一样的，那么，很自然，他们在宣教地的工作方式，便是我们要遵循的模式。

3 月 14 日是适宜搬迁的好日子。我们在平度的时间结束了，要打点行装搬到我们的布道站去。关于这次搬迁，文道慎曾记述说："我们租到了房子，在中国有了我们自己的城市。"搬迁这一天，我们打好了行装，雇了三头驴，作为我们的交通工具。两头驴用来乘坐，坐垫就是我们的床上用品。另外一头驴用来驮我们两人的东西。15 日清晨，雇的三头驴就赶到了我们大门外嘶叫，准备长途旅行了。我们赶紧起床，收拾停当，赶驴人手握长鞭，带着我们上路了，我们向善良的房东挥手告别。我们这个旅行队除了驴和赶驴人之外，还有奈特小姐以前的厨师赵丰华（Chao Fung hwa），他现在受雇于文道慎。

平度到胶县 70 公里路程，沿途没有山岭，地势平坦，有许多大大小小村庄。第一天，我们走了一半多点的路程，在路旁不远处一个小村庄的一家客栈住了下来。我们订做了一顿中国晚饭，由于既累又饿，晚饭吃得很香。第二天一早，我们没吃早饭就上路了，直到快近中午才停下休息。

午后，望见了胶县城墙，心跳加快了，我们就要到我们为未来宣教地租用的房屋了。当我们靠近城门的时候，看见一个灰色大帐篷，周围站着一群人，兵士们拿着大刀、长矛，举着旗子，衙役们头戴就像胡斯（Johannes Huss）要被执行火刑时必须戴的那种帽子。发生什么事情了？原来，这天官员们正在换届。文道慎在中国见到的事情比我多，说："我们走我们的，这不关我们的事。况且，我们穿着像中国人一样的长袍，脑后还有一条鞭子。"我们的行李，除了我同伴的一双大橡胶靴子外，没有一样像是外国人的东西。那些人似乎没看出我们有什么异常。这时候我们已经下了驴，来到了那些人的身后。根据这个国家的习俗，在城里或乡下村庄里行走，都不能骑驴或坐车，不然的话，会被认为是一种冒犯当地人的行为。

现在我们到了我们租的小房子，有漆黑的大门，打开门进了院子，摆脱了大街上的拥挤。终于到了，这样和平地进了城，到了目的地，超乎我们的预期。没什么好说的，只能说："赞美上帝！"

此时为1893年3月16日，距我来上海登陆中国恰好一年。胶县最初建制是在公元529年[1]。880年，伊本·胡尔达兹比赫(Ibn Kordabde)[2]谈及了胶州，他说胶州附近有一座大山，有很多的鸭子和鹅。后来有一位作家写道："胶州城依然保有其早期的兴旺景象和重要地位。城墙完好，大约30英尺高，城外建有三个瓮城，也围有宽厚的城墙。城里的房屋建造的很好，有许多房屋的围墙也有30英尺高。一些庞大纪念性的建筑和庆功拱门，令城市更加美丽。许多房屋外悬挂着表明它们主人身份的匾额，特别标明这些房屋的主人们是政府官员。"

德国传教士郭士立1831-1833年间在中国沿海做了三次长途旅行。其中有一次，他访问了胶县，记述说山东人比南方人诚实，南方人把山东人视为下等人，瞧不起他们。在胶县，他见到各种印度和欧洲的货物在以"合理的价格"出售。不过，他也发现在那个时候，胶县人迷信观念严重，不愿接受白送给他们的各种书籍和传道小册子。但另一方面，他认为胶县地方的人"比南方人更敦厚"。

下面是我引述的一段文道慎到胶县后写的日记：

> 见到胶县县城后，我确信这就应该是瑞典浸信会落脚的地方。一大片新土地，没有其他差会竞争，而且距我们信赖的美国弟兄很近。

1 公元529年，北魏设胶州，治所在东武城（今诸城境内），辖东武、平昌、高密三郡，共十四个县，与清代的胶州和民初的胶县，都不是一回事。作者写作时用的是民国时期的胶县称谓，晚清时期为胶州，1904年曾一度升格为与府平级的直隶州，行政区划与作者所说的胶县不同——中译者注。

2 又作：寇达倍，波斯地理学家，著述颇丰——中译者注。

穿中国服装的郭士立画像

文道慎写这篇日记的时候，还不知道美国北长老会在胶县县城东北 10 公里处辛疃(Sin Tan)[3]已经建了一个分布道站，天资聪慧的著名牧师丁立美(Ting Li mej）就出生在那里。他作为奋兴演说家工作了很多年，极富成效。这里的分布道站与烟台一家教会有关。

1993 年 3 月 16 日，文道慎在日记中写道："令约翰和我从平度过来，感到很幸福，我们现在有我们自己的布道站了，对这个地方很满意。但对我们的家，他不像我那么满意，这或许是因为他过去生活好一些，我过惯了穷人的生活。"几天以后，他又写道："我们在附近又租了一所房子，这样我们的生活区就多了几间屋子，既有居住房间，也有了工作的房间。"

胶县县城里有 50000 居民，全县有 1282 个村庄，据称全县人口 365000 余人。数年以前，海水曾冲进城里，但现在城西南面已经被淤积泥沙覆盖，中国船（舢板）泊锚地在离城大约 10 公里处。

在终于成了胶县"居民"之后，我们继续学习汉语，紧接着便开始了开拓性传教工作。就像海雅西 1894 年在登州讲道一样，只要日本战舰在登州海外的水面上，就一直讲下去，我们在胶县讲了六个星期，或者说只要德国军队在胶县，我们就一直在讲。任其斐在其四十周年纪念那本书中第 29-30 页中写

3　当时村名为大辛疃，由前辛疃和后辛疃两个村庄组成。称为大辛疃，是为了区别西南约 2 公里远的小辛疃——中译者注。

道："1898年，我们（令约翰和任其斐）每天在街道小教堂讲道，一直讲了一个月。为了召集人来听道，我们一个人在小教堂里主持聚会、讲道，另一个人到大街上去召集一些人，向他们作简短的宣讲。当讲完一段时，通常就会有一群人聚集在他周围了。每到这个时候，他就带领着这群人到小教堂来听其他牧师讲道。有很多人，反复到小教堂听讲几次。"

这里我要补充说一下文道慎第一次布道的情形，他是这样讲的：

> 我们都知道，我们头上永远顶着蓝天，双脚每天都走在地上。天上有"三种灯"——太阳、月亮和星星。这些天上的物体掌管着我们人间的一年四季的变化。在地上，我们有土地、森林、山谷和数不清的山岭。还有鱼、鸟、各种动物和人，数千年以前就有了，这我们都知道。那你能告诉我这些都是从哪来的吗？能告诉我这个世界将来会怎么样？我知道，你不能。让我来说给你们听听吧。
>
> 有一位神，看不见的神灵，他不是住在庙里，而是住在天堂。他创造了天、地和万物。他在地上的最伟大创造是人类。人的身体和灵魂实际上是个神迹，不过，人这个"万物灵长"，不遵守诫命，犯了罪。神对这个事情非常恼火，罪的代价就是永远的死亡。你们见到一个人永远不死吗？你不知道所有人都怕死吗？人的罪孽所带来的内心的不安有时比口渴如焚还难受，你感受过这种滋味吗？我想你感受过。
>
> 拥有数千个国家的世界[4]就像一个大沙漠。也许你们听说过澳大利亚、非洲、亚洲的大沙漠。在这些大沙漠旅行的话，要很多天或是很多个星期才能度过。大沙漠里有风暴，风暴会刮起漫天遍野的沙尘。在大沙漠里，饮用水要比旅行队的银子、金子和宝石值钱得多。有位在沙漠中的旅行者讲述了他的同伴旅行时的故事，说这个同伴痛苦地喊叫："水，水，给我水，上帝！
>
> 发现水的一个人说："我盛了一杯水送到嘴边喝啊喝，真享受，真快乐啊！"
>
> 从精神上来说，你们的世界有许多沙漠，印度、日本、西藏[5]、

4 原文如此（This world with its thousands of countries），疑有误——中译者注。

5 原文如此，但西藏是中国的一部分，不能与印度、日本和中国并列。作者这里把西藏与印度等并列，是因为在近代有些西方人的眼里，西藏是佛教统治的一个特殊

中国等等地方都有。如果一个有智慧、身体强健的旅行者发现了水，他就会先喝点解渴，然后匆忙跑去告诉他的旅行同伴这一幸福的发现，因为每个人的生命都离不开水。现在，我们在我们北面的国家发现了永久的生命之水。遵照基督的指令，为了我们自己的良心得到安慰，我们急急忙忙不远万里来到你们的国家，给你们带来了永恒宽恕与和平的信息。基督之爱要我们和我们的同胞这样做。很多代成千上万的人没有与神一起享有永生与和平，都死掉了。神爱你们，愿意原谅你们和你们的罪恶。他派他唯一的儿子耶稣基督，从天国来为了你们和我们去死。他是雅各（Jacob）的井，永远不会干枯。他是岩石，带着永不干枯的水，始终陪伴着我们在这个世界的沙漠中旅行。

向中国人民宣告来自天国的生命之粮和水，是我们的使命和工作。假如你们不相信有来自天国的生命之粮和水，你们就会在罪恶中死去，永远消失。你们不是很想要和平吗？那么，现在我邀请你们至少每个礼拜天到这里来听讲福音，接收救赎之水。阿门。

我们租住的中国房子很潮湿，文道慎不久就患了关节炎。有一天，他对我说："我必须离开这里回去了，你如果愿意的话可以继续呆在这里。"我当然想继续留在这里，并把他在这里的仆人留下。一天，我告诉赵说："烧些热水，我要把屋子的脏墙刷一刷。"他听了之后很惊讶，但还是照做了。我们开始从天棚往下洗，黑水都流到了泥地上。这个想法很好，墙壁亮堂多了。秋天，我把墙刷成了白色，天棚糊上了纸。很高兴，屋子面貌焕然一新。

然而，我们屋子的天棚中间有一道大裂缝。有个星期天，我还没起床，天棚上的旧草泥灰就咚的一声掉了下来，搞的满屋子灰尘。我找来了房子的主人看看是怎么回事，顺便说了一句："刚才我差点被砸死！"他轻描淡写地说："没什么事。"第二天，来了两个人，从屋顶上揭下了两片瓦。"你们这是要干什么？"我问道。"今天是动工修房子的好日子。"他们丢下这么句话就走了。星期一的时候他们回来开始修房子。中国人相信所有的事情都有自己的好日子，像结婚、葬礼、盖房子、搬迁、旅行等等，只有生日和忌日没有好日子。中国的历书，就是一本迷信的百科全书，上面标明了一年所有的日子，有哪些日子什么都不适宜做，但给祖宗上坟却是在哪一天都行。

地方，并无政治学上的意义——中译者注。

前面我说过我们学习汉语的事情，现在来说说我们在胶县的汉语老师。我的第一位汉语老师姓高，声称是个长老会的基督徒，但他经常贪杯，喝烈酒，有时他来上课的时候我能闻出来。很多人都劝他不要喝那么多酒，但没有用。第二位汉语教师姓董，脸很长，在整个胶县城里都知道这个人，大家叫他“董大头”。他有个小功名，看上去像个读书人，但事实上却相当迷信。他像其他许多人一样去参加礼拜仪式，但那只是因为他是我的汉语教师。我们做礼拜时，他就坐在前面的一条板凳上，手搁在牧师面前放的一张桌子上，不停地摆弄他的烟袋和烟草，眼睛直勾勾地盯着牧师的脸。跟着这位教师，我学习了几年经书。这些经书他在孩童时代就背下来了。他对经书的解释，用的也是文绉绉的话，对于一个欧洲人来说，很难听得懂。当我离开胶县的时候，他成了基督徒。这个教师之后，我又聘用的一位汉语教师叫韩福祥（Han Fo seang）。这个教师总是打瞌睡，或许这是因为他常常抱着大烟枪睡觉。不过，每当他闻到瓶子里氨气的味道，就会立刻醒过来。过了一段时间，他去诸城做邮差了，做的很糟糕。

文道慎回瑞典之后，我更换了几位佣人，成功地雇佣了海雅西博士的忠实仆人孙维玉。我们私下无话不谈，曾对他说想买一所小房子做家用，但那个时候必须偷偷摸摸地买，不能声张。这一习俗至今仍很盛行。有个担水的人程先生要卖房子，但却不敢卖给外国人。商谈了很久，决定他把房子卖给我的仆人，仆人反过来再卖给我。到了房子要成交的时候，卖主建议我签一份假契约，上面只写一半的房价[6]。这种弄虚作假从中取利的事情，在中国非常普遍。对于这个建议，我拒绝了。基督教要我们讲真话，举止行为要正直。

1894 年圣诞节前夜，任其斐夫妇的儿子小艾格伦（Egron）突然病倒了。我一听说这个事情，立即准备到平度去请医生。喂好马，背上鞍，策马从南城门出发了。开始一段路程，月光明亮，过了一会，我在蓝底（Lanti）让马休息了一个小时，继续赶路，这时候月亮落下去了，天很黑。到了平度城门的时候，我来得太早迷路走到了田野里。于是，下马寻找电报线发出的声音。我这样做是对的，一会就明白路在哪里了。我渴盼天快点亮，渴盼黑夜过后清晨阳光升起的曙光，使这个圣诞节上午成为感人、难以忘怀的纪念时光。我在上午 8 点

6 这里的卖主（the seller），似应指房子的转卖之人即作者的仆人孙维玉。不过，作者寥寥数语，对于为什么签一份假契约写明实际房价的一半就可从中取利的问题，未做任何说明——中译者注。

赶到了兰德尔的住处，他听了我说的情况后立刻踏上了 70 公里的旅程。他到达之后，手到病除，把小孩子治好了。如果他们明白早些时候给小孩子洗个热水澡，很可能会好得更快。我在圣诞节第二天回到家里，高兴地发现小艾格伦脱离了危险。这也算是我的一段宣教地经历吧。

中国农历腊月底，我每天卖书、圣经小册子和挂历，这种挂历是英国圣经公会（the British and Foreign Bible Society）印制的。有一天来到我们住处北面的一座大桥时，向一位男子兜售挂历，这个人是到城里来置办年货的。很快我们就友好地交谈起来，我邀请他到我家里坐坐。“很近，”我说，“可以看看我们家的厨房，你看那就是我家厨房的窗户。”就这样，这位男子随我到了家里，我在我的中国式办公室接待了他。根据中国的习俗，我给他上了茶，但他很谨慎，没有喝。那时候在中国有传言说外国传教士会巫术，会把你变成基督徒，不管你愿不愿意。

交谈中他告诉我说，他过去是一名王台（Wangtai）学校的教师，教了十八年书。在那所学校的时候，他看到过笏马丁（W.A.T. Martin）博士的著名著作《基督信仰真实性证明》（*Proof that Christian faith is genuine*）。他曾素食了很多年，读了很多书，后来他把这些书给了我，信奉了基督教，开始点亮心灵之灯。我邀请他来参加我们下周的礼拜仪式，实际上他还带来了许多他的朋友。

任其斐夫妇及子女

有一年，我和任其斐弟兄为王金河（Wang Tsin hoa）和他一些感兴趣的朋友组织了一个小型读经班（王金河是上面提到的那位教了十八年书的人的名字）。我们一个人教他们旧约中关于神、创世和赎罪的常识，另一个人讲授新约中关于耶稣基督、和谐的事迹。读经班结束后，他们带着礼物来表示感谢。我在我们布道站所有的读经班都讲过或长或短时间的课，从不记得有学生带着礼物来。相反，教师们往往为学生提供食品和住宿，特别是妇女读经班。

1900 年，我们差会办起了第一所日校。王金河受聘担任教师。作为这所日校的教师，他担任的是教授中国传统知识的那些课程，他的教课风格就是传统的中国严师类型。在中国启蒙课本[7]中有所谓“养不教，父之过，教不严，师之惰”；“子不学，非所宜”等这样一些简单的道理信条。有句谚语说“严师出高徒”。另一句谚语谓“玉不琢，不成器”[8]。

每当这位王老师大声呵斥，用藤条拍打桌子的时候，他的学生们就在座位上一哆嗦。有传言说他的一名学生害怕他拍桌子，患了面部肌肉痉挛症。我观察过他好多次，见过他严厉呵斥学生和拍桌子训诫学生的情形。他在我们这里教了很多年书，随着时间的推移，他变得宽厚多了。

胶州最初办的学校

7　这里实际上指的是《三字经》——中译者注。

8　误，这句话不是一般谚语，也是旧时启蒙课本《三字经》里的一句话——中译者注。

这位王老师犹豫了很多年才决定信仰基督。他一直坚持吃素，博览群书，但最终确信自己要信基督并请求洗礼、加入教会。任其斐弟兄与王老师在学校里有交往，可以讲述更多关于王老师的事情。王老师去世很多年了，葬在他的老家。

在平度见闻与经历那一章中，回忆李牧师时曾写道："1900 年我们三个瑞典家庭挤在离胶县十公里处的一艘腥臭渔船里，要逃往青岛。"还提到了山东义和团运动的情况。关于这一运动非常暴力的言论，在我们胶县这里到处疯传。

任其斐、帅德顺和我们家决定逃往青岛寻求德国人保护。我们收拾起大部分必需用品，6 月 28 日，帅德顺护送我们的家小和行李去了码头（Ma-tou）港。他们沿着狭窄的小铁路旅行，那条小铁路上的火车车厢是用牛拖的。最初，他们与稽查员布劳恩（Braun）一起呆在收费站，任其斐和我留在后面观察了一个晚上，看看事态的发展。那天晚上，由于行李都带走了，我们和衣而睡。第二天，我们与帅德顺他们汇合了。在码头，我们和一些雇佣来的人一起看护收费站，因为有一天晚上，一帮人来曾试图放火烧毁这个收费站。经过口干舌燥的讨价坏价，有一天我们终于雇用到一艘腥臭的渔船载我们去青岛。传教士和士谦（Voskamp）、昆祚（Kunze）以及卢威廉（Wilhelm）博士已经在那里了，他们欢迎我们的到来，但床位不够，所以我们有些人睡在地板上，那时候这里还没有旅店。

在青岛期间，7 月 1 日，伊迪丝（Edith Rinell）降生了，给悲哀的环境带来了一缕生气。帅德顺感冒了，病情很快变的严重起来。我们商量决定令约翰应该利用这个机会回瑞典休假。这次艰难麻烦的回国旅程于 8 月 2 日启程，10 月 13 日，我们乘坐纳耶顿（Najaden）号轮船从汉堡（Hamburg）到了马尔默（Malmö）。在马尔默格瑞泽尔（J. Grytzell）好客的岳父接待了我们。接下来的礼拜日，我参加了四次聚会，做了或长或短的演讲。

1897 年 11 月，德国军队开进了胶县，引起了极大恐慌。当时形势极其混乱，有一位中国人出来走到一名德国军官面前，问他为什么带领军队进入胶县县城。德国军队进城这件事，相信是任其斐弟兄和这个人说的。不过，任其斐和我这时已经去了铺（Po）的集市上几天了[9]，铺这个地方离县城 35 公里。我

9 铺（Po），即铺集地方，地处胶州、高密、诸城交界，据三地各 70 里，固有"三七铺"之称。清代至民初以降，行政区划屡有变动，今为胶州市铺集镇——中译者注。

们觉得那里人们的表情神秘兮兮的，一些人在交头接耳，但却不让我们听见他们在说什么。如果是现在的话，他们会告诉我们的，他们对我们的信任早就大大增加了。

人们已经听说德国人要来青岛以及他们是怎样进入胶县的。德国人在胶县县城各处公共场所扎营，像庙宇、旅店等地方，都住了德国兵。我们回到家里时，每个人都知道，我们与德国军队毫无关系。在我骑马经过河岸时，我的一个邻居王木匠说："哈，传教士令约翰回来了！"

德国人迁入他们 99 年期限的新租借地后，他们就计划开发他们在远东地区的这块新属地，规划要建一座城市。中国人清楚，德国人希望有干旱的气候，以便顺利开展建设工程。1899 年春天，罕见的干旱。我们在城墙外一条小河里为四个人施行洗礼时，中国人见我让四个年轻人浸入河水中时，他们认为这是我们一种祈雨的方式。他们曾经听到过我们在祷告会上祈雨。我在前面平度经历与见闻一章中曾谈到中国人的祈雨方式。

这里我要继续说说我们在乡村的开拓性工作。从铺这个地方开始说起吧。先前，我们曾访问过这个地方，到这里来售书，在大街和集市上讲道。后来，我们在这里一家旅店后面租了一处房子。我们在外面放了一张桌子和一把椅子，但讲道人愿意站着讲，听的人都站着听。大街上人来人往，终日不断，他们对我们这个样子都感到很好奇，但并没听进去什么。我们轮流讲道。傍晚时分，感觉精疲力尽了。这样一直持续了四天。无论结果如何，重要的是我们开辟了一个新区域，这种开拓性工作总是困难重重。

有一次我到商店去销售圣经，不知为什么走到了一家小酒馆，酒馆里的人在急急忙忙地烹饪，一些吃饭的人也都紧三火四地吃着。再往里走，有一间屋子，里面都是抽大烟的人。我离开时回头看了一下，见到有个大牌子，上面写着"酒鬼馆"。这处房子后来成了我们在铺这个地方的一个小教堂，一直到现在还在使用。所以在中国,一间酒吧甚至能改变成祈祷室。就是在这个地方，一位在他们村的场院听过讲道的男子说："要是人都像牧师教导的那样生活，就不用要政府了。"要说在铺这个地方开展的工作，在历史上都是很有名的。

再让我们介绍一下其他村庄的情况。在去小麻湾（Siao Ma Wan）的一次访问中，我们把床放在一排棺材上。在"天朝"，你不用害怕鬼。在马店（Matien）村，我们经常在观音庙前面的台阶上讲道。庙的大门上写着"大慈大悲观世音"

（女神），但庙的房顶却年久失修，破烂不堪，泥塑的偶像都毁坏了，露天风吹雨淋。可以想见，这些神和他们的崇拜者们是多么的无助。翻阅《诗篇》第115篇第三至八节可知，我们真正活着的仁慈的神，并不住在庙里，不是人手所造的，但却对每个人都仁慈。

早些时候，邻村韩家村（Hankiatsun）有几位加入不久的基督徒。姓韩（Han）和姓季（Ki）几家人中有许多成了基督徒，其中有几位还成了布道师，有一位成了牧师。这位牧师的父亲叫韩金轩（Han Tsin suan），是这个村最新信奉基督的。他每个礼拜日都到城里来听我们讲道。然后他回到村里把我们讲的向村民们重复一遍。有一次我到他们村庄去，住在一家小旅店里。傍晚时分，我在那里对着满屋子的人讲道；白天，到邻近几个村子讲道。在到邻村的时候，他陪着我走很远的路，我离开他们村的时候，在他送我的路上对他说，他若是一位真正的信徒，应该受洗，加入教会。他以前还不知道有受洗和加入教会的事情。

接下来我们再说一下另一个有集市的村庄杨各庄（Yuangkotswang），离县城20公里。在我讲了两次道、售了一些福音书后，有几个农民开始评论起来，有个人说："你们外国先生讲得很好，但我们记不住，抽袋烟的工夫就都忘了。"这令人很沮丧。另一个人说："你们外国先生说明白了人要怎么活着。"我问他，"你怎么看人要怎么样活着？""噢，主要的吧，就是敬天、敬地、敬祖先。"我完全没有这样讲，听讲的人常常带着先入为主偏见，很难理解新道理。

有一次，任其斐和我一起到杨各庄，在小旅店住了几个晚上。一天早饭后，我们决定到河东面一个村子去。在去那个村庄的路上，我们商定我先讲，讲一个浪子回头的寓言前半段[10]。我拿着一块大布做的这个寓言宣传画，任其斐讲这个寓言的后半段。我开始讲的时候，任其斐默不作声地站在我旁边。人群里开始悄声议论起来，大意是说任其斐不会说他们"天朝"的话。当轮到任其斐讲的时候，人们都非常吃惊：这个人竟然也会说他们的话！一下子提高了他们听讲的兴趣。在这里，我们发现了我以前发现的问题，即中国人常常是并没有听我们在讲什么，而是在思考他们先前就有的那些说法。高第丕证实过这一点。那个时候，这个村庄还没有基督徒，现在已经很多了，撒下生命的种子，神会让其发芽生长结实。

---

10 浪子回头的寓言见路加福音第十五章——中译者注。

早期瑞华浸信会传教士外出传教的出行工具

还有一次，我在这个村里住在姓杜（To）一个主人家里，有一天赶集的日子，一位年轻人喝醉了，躺在这家的大门外睡觉，周围围着一帮人嘲笑他。这位喝醉了酒的年轻人姓季。下面我尽记忆所能，说说这位年轻人的情况。

有一天，我到城里集市上买柴火。在商定价格后，我告诉了卖方我的住址，然后就回家了。卖方就是上面说到的那位姓季的年轻人，他跑到管理集市的官员那里，问这个外国人是不是有合适的称，他的钱好不好用。也许我应该补充说明一下，在中国，很多东西购买是按重量的，比如说液体的东西，柴火，麦草，石灰岩以及其他建筑材料等等。那位管理集市的官员说："去吧，把柴火按你们刚才商定的给他送过去。如果出了什么事，他亏欠你什么，就回来告诉我。"他把柴火送来，我给了他钱，他又回到那位管理集市的官员那里，很高兴地告诉他说这个外国人对他很好，给的钱很公道。这位管理集市的官员抽大烟，姓季的年轻人招待他吸了一泡，给他上了一壶茶，然后就回家了。

就在这一年，季性年轻人欠了一大笔赌债，所以跑到了满洲躲债。在满洲，他受尽了磨难，慢慢转变了。他参观了一家教堂，听了那里的布道，心灵受了触动，决定回老家信基督。回到村里后，他每个礼拜日都到张家庄（Changhiatswang）范（Fann）弟兄的教会去。最终，他成了一名基督信徒，受洗加入了教会。

辛亥革命前的胶州瑞华浸信会男校

1902 年，我第一次回国休假回来以后，教会要每年都举行一次教务会议。教会要我去邀请季弟兄参加。我骑上自行车，到南凤凰村（South Phoenix Village）他家里去找他，有机会向他的父亲打听他现在各方面的情况。“他还喝酒吗？”“不喝了。”“还赌博吗？”“不赌了。”“孝敬父母吗？”“孝敬，孝敬。”“这么说，他比过去在杨各庄集市上做买卖、赌博时好点了？”“好了，好了，当然好多了。不过，他每七天就带着一些食品去听道，一天都看不到他。”季弟兄的父亲有点吝啬，不是基督徒，他这么说并不奇怪。

1894 年刚过冬月，我访问了另一个地方——王台（Wang-Tai），离县城 25 公里的一个小镇子。我在中国农历腊月初三到了那里，因为第二天就是赶集的日子。在北中国五天一个集。

我在南长街（South Long Street）上找到了一家小酒店。这家酒店从没打扫过，很脏。窗户都破了，门裂着大缝，猫和老鼠随便进出。我在一堆麦草上睡觉，睡得还不错。第二天上午吃过早饭，我出了东门去给人们讲道。当我到那里的时候，站在小镇城墙旁边，很快就引来乐意看热闹的人，有好长一段时间，每个人都过来看一眼我这个站在城墙外的奇怪的外国人，来赶集的人们匆匆忙忙地牵着他们的牛、驴、骡子往镇子里面去。镇子里面不停地有狗叫声，从主人手里跑出来的母鸡咯咯嗒嗒地叫着，给人一派充满生气的印象。我放开喉咙开始大声地向人们布道，大约讲了 15 到 20 分钟的样子。那个时候，我不能讲更长的时间。

The foundation is layed for the Wangtai Church

建立胶县王台教会

1895年10月，我第二次访问王台，受到了镇子里两位最受尊敬的商人的友好接待，其中有一位姓李。一天早晨，李先生邀请我到他的公司。他的朋友们已经挤满了那个房间，他们抽着烟袋，不一会房间里就烟雾缭绕，带着鸦片的味道。安排我坐得高高的，然后就开始问我一些问题，像是："你叫什么？""你多大年纪？""你们那个国家叫什么？""离我们'天朝'有多远？""到你们那去一趟要多长时间？""你们有国王和其他一些小王吗？""你们那儿的人念书写字吗？""有做买卖的、做手艺的、种地的吗？""你们那儿能像我们这儿一样看见日头和月亮吗？"

哦，中国人不了解他们周边的世界、不知道神，特别是不知道神派耶稣基督到我们中间来，不知道耶稣基督宽恕了我们的罪，给了我们永久的生命，到底有多久了？他们还要盲目崇拜木头和石头做的偶像而不信活着的仁慈的神多久？

再说一件王台的见闻，便不再叙说这个地方的事情了。王台西长街（Western Long Street）上有个小酒馆，酒馆的主人姓杨。年轻的时候，他是个酒鬼，常和人打架。人们常常可以见到他冲到街上和一个甚至几个人打架，嘴里象放机关枪似的咀咒谩骂。就是这个人，后来到胶县找帅德顺弟兄医治他背上一个极其难治的疮。帅德顺弟兄像撒玛利亚人（Samaritan）一样认真勤勉地为他治疮。有一次，我到胶县去看望帅德顺。见到他正在院子里把一个中国青年扒光上身。"请原谅"，他说，"我不能握手欢迎你"，你看我正在忙着呢。""哎呀，这个人的脊背怎么这么糟糕，"我说。"很糟糕，我用防腐水为他洗了好多次了，每次洗净了再仔细包起来，"帅德顺说。

1935 年胶县王台新教堂落成典礼

“这是谁？哪里人？”我问道。他姓杨，王台人。他是我们这里的第一个慕道者，你知道的，这里的福音工作很难做。”他回答说。这时候，那个人抬起了头，我认识那张脸，想起了很多年前他在王台大街上喝醉了酒爆粗口、乱打人的样子。后来，他皈依受洗了。他和妻子都加入了教会。作为基督徒，他们夫妇二人肯自我牺牲，多为别人着想，享有很高的社会声誉。王台的第一家教会，就是在他家里组建的。

关于王台，还有很多事情可以记述，甚至可以专门写几本书，这里就不再叙说了。

在十里村（Shilicun，似应为十里堡村——中译者），每天傍晚都聚会。我带去了一盏有玻璃罩的小黄铜灯，挂在房间的墙上。有一句谚语说：“高灯矮亮。”那个村子里的人从来没见过这样的灯，都非常羡慕。挂起了这样一盏灯，我的房间每天晚上都挤满了人。由于地上没地方了，我就坐在炕上，给这些人唱圣诗，向他们演说“唯一需要做的事”。白天，我就在周围的一些村子里讲道。

十里村很多人信了基督，成了基督徒。这里讲一个吴姓家庭的例子，家里的男人和他的妻子以及三个孩子都皈依受洗了。女主人做女布道员很多年了，一个儿子读过教会中学，现在是唱诗班成员和布道师。女儿结婚了，但我不清楚和谁结了婚。我觉得吴姓夫妇曾经都是一个宗教教派成员，这个教派叫“奥明修”（Oh Ming Hue）。胶县这里教会中有很多人在他们没加入教会前，都属于这个教派。

民国时期胶县瑞华浸信会男女同校的中学生与教师合影

有一位妇人，人称“法师奶奶”（Fa Shih nai nai），问她能不能信基督，很长时间她都表示不愿意信。后来，通过很多年私下交谈、教导——我的妻子是她的导师，最终，成功邀请她到教堂去参加礼拜仪式。她到教堂查看我们这些传教士是不是说做一致，看看我们是不是像我们自己教的那样遵守了十诫所说的安息日。当她发现我们确实像我们说的那样做了，她服气了。她搬家去了城北郊马庙附近，见到德国士兵们把玩那些小偶像，并没有受到神的惩罚，即开始确信这些偶像是毫无用处的东西。后来，她成了一名有奉献精神的基督徒，作为女布道员，为教会服务了好多年。现在，她已归回天家，再没有疑虑和不信。在任何国家，一个人再生（重生）是神迹，在非基督教国家尤其如此。对每个人来说，确实就如耶稣对尼哥底母（Nicodemus）所说的：“从肉身生的就是肉身，从灵生的就是灵。”

第一次为我做饭的孙维玉离开了我，做医生去了。所有中国人都可以做饭，做生意和做医生[11]。孙在我们教堂附近开了一个诊所，他对病人非常实

11 虽然作者在中国生活了几十年，但显然这种说法是一种错觉，可见民族传统习俗、文化之间的差异之大——中译者注。

在，总是与他们诚实地交谈。他向病人们见证神，有时也会和一些病人一起祷告。因为他不会写字，曾经到上海学习了速记法，这帮助他可以写出他开出药方的名字。

胶县县城东门外一个小村庄有个人姓赵，他儿子病了两年了。能去看的医生都看遍了，但并没治好。他曾听说过我们这里有个孙大夫诊所，但却不想去找他，因为孙大夫是个基督徒。最后没办法了，这个赵决定到孙大夫这里试试，并许诺说，如果能把他儿子的病治好了，他就信奉基督。结果，他儿子的病治好了，用的是中药，或许是孙大夫祷告的结果。两年之后，儿子的父亲兑现了他的诺言，成了一名基督教徒。我至今还记得，他是一名优秀的基督徒。

孙维玉在小教堂讲道，祷告时常常说："慈爱的天父，坚固我们的信心不离开你的道路，让我们多做善事。"上了年纪，不能再为病人看病之后，他回到了莱州老家。他的儿子，也是一名基督徒，继承了他的诊所事业，担任所在教会执事很多年。现在，他也不再行医了，离开了胶县。

在我们家乡，差会的一些朋友们不是很明白"传教士的银子"这句话的意思。在我们差会从未发生过丢银子（旅行时用）的事情，但其他人曾经被抢劫过银子。我们说的传教士的银子是什么意思？哦，几十年以前，人们有一大笔钱，都是制钱，到哪里去带着这些钱很笨重。因此，要外出的时候就把这些制钱兑换成或大或小的"银锭"，银锭可以在沿途对换其他现钱或银票，用来购买一些所需小物品。几乎没有传教士使用银子做的餐具。

1895 年 3 月，我在烟台兑换上海一家银行的支票，兑了六块银锭。这些银子藏在褥搭子里，褥搭子放在马背上，我每天都坐在上面。这有可能在路上被抢，或者在酒馆里被偷，但最终什么都没发生。当然，我祷告神保佑。兑换银子的依据是重量，那个时候，每个地方都有自己的含银量标准，现在已经没有这种标准了。当你买银子（换取银子）的时候，他们会告诉你说他们的银子是标准含量，当你卖银子（换取其他零用货币）的时候，他们会告诉你说你的银子低于标准含量。那些货币经营者（兑换者）就是用这种办法赚取收益。如此以来，你不用买卖任何东西，一块银锭在兑换若干次之后就会分文全无！中国的货币体制太过复杂难懂了，变化太多。

1900-1902 年我们在瑞典第一次休假期间，胶县的工作开展得很好。任其斐弟兄和帅德顺弟兄开始在商人和市民们中间募捐建造一座教堂。这一活动进行得很顺利。我在瑞典访问一些教会的时候，为建这座教堂募集了 1000 瑞典克朗。我们在瑞典和中国为了一个目标：建造一座大点的教堂。原来那座旧的小教堂用了十年了，显得太小了。新教堂建于 1912 年，那以后，也逐渐显得不够大了。

1902 年秋，蓬莱议会与我们一起在胶县召开，会址就在原来那座刚建的小教堂。有几位美国传教士和中国人代表。我记得某人站起来问海雅西浸礼的意义。海雅西简短地回答说：“死亡与复活。”

直到 1920 年，我们与美国南部浸信会议会每年都联合举办，在不同的布道站召开。这种联合举办召开浸信会议会的情况逐渐地成了我们的一种负累，我们跟不太上他们的脚步。美国南部浸信会的资源比我们差会多，相比之下，我们觉得自己黯然失色。有时候我们的代表从会议上回来，一副很沮丧的样子。我观察到这种情形好多年了，于是建议我们应该与美国浸信会分离开来，但我的建议直到 1920 年才有幸第一次提出来讨论，那一年，在胶县的任其斐弟兄也提出了同样的建议。所有人都一致同意我们的建议，我们开始有了自己的浸信会议会。我们从不后悔做出了这一决定。

瑞华浸信会胶县布道站中外职员

我们从浸信会华北差会（the North Mission）分离出来，并不是因为我们与美国南部浸信会在神学理论上有什么不同，也不是因为发生了什么争吵或是有嫉妒心。我们与美国南部浸信会有着同样的教会组织、圣诗集和主日学课本。在我们分离出来之后，也一直互派代表出席对方的议会。我们也送不同水平的学生到他们的各级学校和神学院读书。所以，尽管我们从华北议会分离出来，但弟兄之爱仍存。

自我和夫人搬进前面提到的那所车轮街（Wheel Street）上建造的房子以来（1895 年搬进去的），[12]作为新婚夫妇，住进这样一所新房子，我们无疑感到很幸福。在那里，我们有五个子女围在身边玩耍、不断成长。早些年间，作为父母，有小孩子们在身边游戏，感到欣喜，家庭幸福。他们当中有两个就是在那里出生的。现在，除了长女同我们一起做宣教工作还呆在一起之外，其他几个都离开我们了。他们都信主，接受了洗礼，分属于瑞典和美国不同的教会。最小的女儿去世了，葬在北京德国公墓。

现在我要结束我简单的关于胶县的见闻经历的叙说了，在那里，我只工作了十到十二年的时间。不过，尽管时间看上去不算短，但由于是开辟新宣教地阶段，工作异常艰难，进展缓慢。如果我在那里呆更长一段时间，或许我的经历见闻会更广范、更令人鼓舞一些。

令约翰一家

12 此前并没有明确介绍车轮街和那里新建造的房子——中译者。

1920年代胶县瑞华浸信会女子中学学生

抗日战争期间胶县瑞华浸信会中学毕业生与教师合影

抗日战争胜利后的胶县瑞华浸信会中学毕业生与教师合影

愿上帝继续祝福我们在华开辟的第一个布道站。

第六章　诸城见闻与经历

“中国人民的花朵生长在山东”（引自瑞典一部百科全书——原瑞典文英译者）。

“传教士对中国人的影响，毕竟是一件好事，值得祝福。很多中国人的偏见，在宣教工作者们和蔼的教诲和良好的建议下烟消云散了，通过宣教工作者们谦逊的工作减少了。”（和士谦——C.J. Voskamp）

诸城县位于胶县西南 70 公里、高密县南 60 公里。这是一个很大的县，东西约 50 公里，南北约 110 公里。至少拥有 1968 个大大小小的村庄，还有三个小镇。县城有居民 40000 人，全县人口 50 多万。

诸城是该地历史上四个名称中最后的一个。早期的三个名称分别是：琅琊（Lang jiek）、东武（Tong oh）、密州（Michow）。诸城有三座著名的大山，每座山上都建有庙宇。据说康熙皇帝曾驾临其中最著名的一座，拨发钱款、划拨土地用以维修维护庙宇。

诸城县曾有过三位著名人物。公治（Kong jieh）[1]，孔夫子的女婿，公元 400 多年前做过这里的大夫[2]。今天的进贤村（Kin Hsien Tsun）有纪念他的庙宇和后代。多年前，我们差会在那里建了一所学校，一个布道点，吸收了一些人信教。那个村有个叫劳福堂的人，做了 20 多年布道师了。

苏东坡（So Tong Poa），生于公元 1036 年，一位著名的官员和诗人。北城墙上建有一座纪年他的庙，但年久失修，衰败不堪了。苏东坡不是诸城本地人，只是在这里做了几年著名的知州。

1　即公冶长，作者这里用的只是姓氏——中译者注。

2　原文为 mayor——镇长，误。据相关史料，公冶长一生没做过官——中译者注。

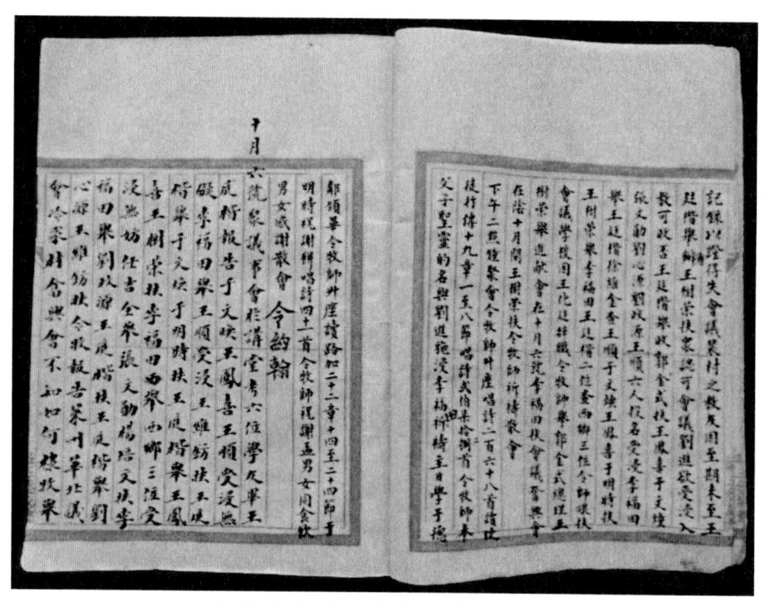

诸城瑞华浸信会事务中文记录

刘墉（Lio Yong），做过宰相，担保诸城所有土地全部免征税赋。有一天，皇帝问他诸城有多少种人。“就两种人，一种是造谣的人，另一种是想发财的人。”他回答说。他去世后埋在他老家村外。他的后代都很贫穷。

有几个关于迷信的见闻，值得在这里简单提一下。

有位算命先生，在诸城地图上看出了猪的形状。说是猪头朝北，猪背朝东，猪蹄子朝西，等等。在诸城一块标记更时的木板上，只有二、三、四更天的标记，没有五更天的标记。在诸城，一般要屠宰的猪，都是傍晚时分捆绑起来，第二天下半夜五更的时候再杀掉、开水褪毛、处理内脏等，“五更”是下半夜三点到五点。因为在这个时候屠宰猪，人们以为这个更时会为诸城带来灾难和死亡，所以诸城人就给五更天赋予了特别的意义，标记更时便没有了五更这段时间。

多年前，有两位基督徒开办了一家洗澡堂，但这个洗澡堂的房屋主人听说了之后，立即要收回房子，不准开办。后来，在“启蒙运动时期”[3]，这里开办了一家洗澡堂，结果并不成功，现在已经关闭了。

另一件迷信的表现与这里的一些领袖人物有关，他们在多年前买了一台火力抽水机。在诸城这个地方，80%的房屋都是草屋顶，很容易着火，造成巨大损失。结果，抽水机买来了之后，人们要求在县城后面试验一下那台火力引擎，抽水机的吸水管放在护城河里。很不幸的是，就在这个时候，城里着火了。

3 原文为“the days of enlightenment”，疑为新文化运动时期——中译者注。

由于这种巧合，人们产生了一种偏见，拒绝使用外国人的火力抽水机，结果是当天就把这台机器扔掉了（我曾在财神庙仓库里见过这台机器）。

在前面提到的铺那个地方，我们有一位教会成员叫鲍学文（Pao Hsueh Wen）。他到这里一个春季大市场销售灭火器，灭火器里面充满了化学液体。为了展示这种新型灭火器，他在集市上搭了一个堆满柴草的窝棚。但是，当诸城的官员们知道这个事情之后，担心搞这个外国设备演示会引起大火，出面制止他演示。在中国，直至今天还有这种偏见。

诸城县也是一个很大的农耕地区，盛产粮食。有人曾说，这里一年的好收成，足够吃三年。平原上和山区里有成群的牛。水果种类很多，栽培最普遍的是梨和葡萄。

有些人的话可以帮助多了解一点诸城社会。第一个使我意识到这一点的是德国信义会（the Berliner Mission）的丁布道师。他说："诸城农村主要有三种人：地主、租户和可怜的佃农。那些富人很傲慢，不会信奉基督，他们的下人因为害怕他们的主子不敢信奉基督。"这一观察是正确的，我在宣教地四十年的经历，完全证实了这一点。

下面谈一点司法和风土人情方面的情况。

在共和制建立之前，打官司原告和被告都得跪在司法官面前。在很多情况下，原告和被告都要光着屁股挨上或轻或重的几百鞭子，除非他们是当兵的。有一名妇女，被监禁了 33 年。她被指控杀害了他的丈夫，但人们却没有发现任何她杀害自己丈夫的证据。在被监禁的 33 年里，诸城的知县更换了好多次，但从没有一个知县审问过她，这位可怜的女人就这样一直呆在监狱了。她在监狱那些年受尽了苦楚折磨。中国那时的监狱真不是人呆的地方。共和制建立之前，有一种死刑行刑方式叫站笼。笼子是用木柱钉起来的，方形，和要站在里面的人一样高。被判有罪的人放到笼子里，笼子上方有个孔，刚好卡主这个犯人的脖子，这样就把犯人固定住了。我曾在衙门里见到一个人，光着脚够不着地。这个人当天晚上就死了，第二天，连尸首都不见。还有一次，我看到在农村逮捕的一名犯人被送往监狱，他骑着驴，脚后筋被砍断了，这样他就不能再逃跑了。

再讲一个残忍的事例。很多年前，有一位郊区的妇女在丈夫不在家时，用香烧烤全身赤裸的七八岁的继女整整一夜，把女儿烧死了。这件事在人们中间引起了极大反响。这位妇女被带到了城里予以谴责。她他被指控为罪犯，判处死刑。她要遭受被称之为五刑之一的最重惩罚——"凌迟"（Ling chi），就是说要在她活着的时候，把她的身体一块一块切下来。这位妇女被绑在驴背上，沿着城里的大街四处游街，后面跟着刽子手，隔一会切掉她一只手、切掉她一只脚，手脚都切掉了，鲜血慢慢流干了，这个女人才死掉。类似这样以及其他类型的酷刑，我们在诸城工作期间经常发生。

1903 年春天，我到诸城城里要为差会找一处房子，遇到了我前面提到的丁先生。他邀请我在五旬节去他的小教堂讲道，我答应了，说那天要去讲圣灵五旬节在耶路撒冷的工作。在春季的集市上，有一天我们在财神庙的院子里向我们周围的一群人讲道。丁讲父母之爱和神之爱，讲的过程中，很多人眼里流着泪水。打动一群非基督徒坚硬无知的心，对传道来说很重要。

根据我对这一地区早期传教士的调查，发现考尔斯德（J.J. Caulthard）先生和戴德生博士曾徒步从诸城到日照（Jih Chao）。我不清楚那是哪一年。在他们俩人之后，郭显德和倪维思博士曾从烟台去过日照。其实，我们在这里设立布道站很久以前，我就和美国南部浸信会传教士黎格（T.J. League）于 1893 年春季访问过诸城，是年秋天又和鲍志培（G.P. Bostick）访问过这里。1900 年以前，任其斐和我到诸城，访问了所有秋季和春季的集市。我们住在小旅店里，出售福音书，在任何可利用的露天场合布道。

德国人占领青岛之后，天主教和德国新教传教士们便来这里开展宣教工作，这是 1900 年以前的事情。天主教在城里买了一所房子。信义会的和士谦和昆祚在城东租了一处房子做小教堂，在城里租了一处房屋居住。不过，他们用了没几年就退给房主人了。传教士郜锡恩（Oswald Töpper）的第一位夫人就是在我们住的这所房子里去世的。

美国北部长老会在青岛北面十公里处建了一所分布道站。在那里，我遇见了亲爱的弟兄靳司（Kin Si）。那是 1896 年，当时的情况是我在我们宣教地边界外旅行布道，在一个赶集的日子，来到了张镇（Chang Cheng），我站在一堵墙的背阴处讲了一会儿道，售了一会儿福音书。这时候有人觉得我渴了，拿了一碗水给我喝。我喝了一小口，嘴唇烫了一下。天很热，所以看不到碗里的热水冒出的蒸汽。是不是因为我是耶稣信徒，靳司就随意地给了我一碗热水？当然不是，尽管这碗水不“凉”。在中国，不能给别人凉水喝，给人凉水喝是一种侮辱。靳司因为我是基督的门徒给了我一碗水，他会因为这碗水太热而失掉神的奖赏吗？当然不会。

靳司用自己的房子开办了一所女子学堂，招收全县能来上学的孩子。他有四个女儿，一个儿子。年轻时，他勤勉认真宣讲福音，上了年纪之后，33 个村庄送了他一块“慈善人家”匾额，挂在他家的门楣上。这是对一个人高度认可的标志，而不是看不起基督徒的表示。靳司弟兄很多年以前就应召到天堂去了。

1903 年春，收到一封斯德哥尔摩（Stockholm）瑞典浸信会差会总部林布隆牧师寄来的信，说我们应该在中国再开辟一个布道站，地点就在诸城。对此，我们都非常高兴。早前在瑞典国外差会总部的许多次会议上，“如有可能，继续在中国可开辟宣教地”这一问题，曾遭到质疑。

任其斐写信汇报了我们的情况，说：“由于斯德哥尔摩委员会已经任命令约翰为新开辟布道站的领导人，他首先要做的是找一处合适的居所。这个问题已经解决了，在（诸城县）城北部可以购买到房子。1904 年 3 月 23 日拿到了房子钥匙，房款头年 12 月 28 日就交付了。修缮一番，5 月 5 日就能搬过去。”

邮政局长刘芳桂（Leo Fang Kwei）是我们买这所房子的经纪人，并把他应得的经纪费用——房价的 2%捐献给了差会。刘弟兄是在胶县受洗的，诸城教会建立之后，搬到这边来了，成了诸城教会的一员。邮政局的房屋是差会的财产。这位邮政局长的妻子和孩子是第一批读令约翰夫人开办的主日学校的（中国邮政服务是赫德爵士 1896 年在上海建立的[4]）。

令约翰诸城中国邻居家的孩子们

4　误。1896 年经光绪皇帝批准建立的大清邮政管局，最初设在海关总税务司署内，而大清海关总税务司署早在 1865 年即迁往北京——中译者注。

我们搬进在诸城新买的房子不久，就听说了这所房子闹鬼，已经十年没人住过了。“在中国买到一所这样的房子是差会的好运气，”明恩溥（Arthur Smith）博士在他的一本书中说，“那里还有闹鬼的房子可以买，在很多地方根本就不可能去传教。”

看到我们搬进这所房子还带着三个脸蛋红扑扑的、身体健康的小孩子（两个年纪大点的送出去上学了），所有邻居都为这三个孩子感到难过。他们很迷信，认为这几个孩子过不了多久就会面色苍白、得病、死亡。然而，过了一段时间之后，他们见几个孩子依然健康活泼，活蹦乱跳。像其他非基督教国家的人一样，有些中国人是万物有灵论者。他们不久就想出了聪明的主意，到我们家来收集我们孩子用过的旧衣物，用来保护他们的孩子不生病，远离任何危险。邻居的妇女们带着一些小礼品给我的夫人，像鸡蛋、豌豆或水果什么的。他们中有一位还强调说：“远亲不如近邻。”慢慢地，她们在拉家常中就说到“我们那个还赤着脚的孩子”，讲到她们很贫穷，说：“你们要是有穿旧的袜子、旧鞋子什么的，我不嫌弃，就行行好给我们孩子穿吧。”我记得邻居有个小男孩，整个冬季都穿着我们小儿子的外套到处跑。他现在活得很好！

在我们房屋院落的西墙边，有一间小棚子，里面有一盘磨。谣传说很多年以来，每到晚上就有妖怪在这儿呼呼地推磨，火星四溅。但在我们基督徒住进来之后，妖怪就搬走了。我们租别人家的驴子拉磨磨面。借此机会，我就反复对那些人说，耶稣来了，妖魔鬼怪就必得搬走，耶稣能驱除你们家里和心里的妖魔鬼怪和邪灵。

下面是诸城布道站 40 年间曾经一起工作的同工：倪玛丽(Maria Edén) 、倪典（David Edén）、令玉兰（Alice Lindberg）、令阜顺（Sten Lindberg）、司汉纳（Hanna Stehlin）、单礼德（Titti Schlyter）、令瑞玉（Signe Lindberg）、棣利莎（Lisa Lidquist）、棣奎德（A.J. Lidquist）、万礼德（Ingrid Andreén）、万乐德（Walter Andreén）安光华（Hulda Andersson）、白多加（Matilda Persson）、杨荣道（Martin Jansson）。

一直在诸城、在这里呆的时间最长的是白多加姐妹。我要特别强调一下，我们的友谊一直是最值得自豪的，作为基督徒，我们互爱对方，我们的工作配合总是非常和谐，为此我们要感谢上帝。

与我们一起从胶县到诸城来的，有一名布道师、一名售书员、一位女布道员，但他们没有一个在这里能呆一年以上时间的，中国人也有严重的思乡病。

布道师范恩（Fann）到这里不久，有天傍晚就有人邀请他到一位邻居家里去。人家告诉他，说不要用天主教同样的方式在老百姓中间布道。那时候有谣传非常恐怖，说有一个人曾对他的委托人有不义之举，然后就加入了天主教寻求保护，以便逃脱人们告发指控他。[5]

到诸城的头两年，我们的小教堂就是一个破旧的大车棚子。很多人都很惊讶，觉得传教士们这么穷，做这么慈善的事情还用这么个破棚子。不过，每个礼拜日，这里的人还是满满的。有一次，一位老人坐在这里微笑着，点头示意他愿意坐在这里听讲。礼拜仪式结束后，我过去同他交谈，以为他是一位领悟力强的感兴趣的听讲者。但我很失望地发现，他指着自己的耳朵说："我是个聋子，根本听不见你说什么。"这让我有些沮丧。

瑞华浸信会诸城布道站教堂

5　按：天主教传教过程中享有种种特权，有时不分青红皂白庇护教徒的行为的确存在。这在当时的基督新教传教士那里也是公开的秘密，只是在很长一段时间里不便公开指责。义和团运动以后，基督教界反思这一现象，新教开始公开指责天主教的这一做法。说："罗马天主教一直抱着要拥有世俗权力的观念；在中国的罗马天主教的传教士们接受了中国皇帝所赋予的同朝廷官员同等的地位和特权"；"不断地干预地方司法，不管值不值得保护的教众都予以保护"；认为"罗马教会在这件事上的政策是最近暴乱（指义和团——引者）的原因之一"。而基督教在中国各教派差会则"一致拒绝要求任何类似特权"。详见 F.L.Pott,*The Outbreak in China*(卜舫济：《义和团暴乱析论》),New York: James Pott ＆ Company, 1900, pp.100～106——中译者注。

急需一座合格的比较现代化的教堂。倪典教士是我的第一位同工，我在瑞典浸信会周刊（Vecko-Posten）上发文为这项工程募捐，募集了约 3000 瑞典克朗，但教堂建起之后，还是欠了 150 美元的债务。我们相信，在我们宣教地，能够设法还清这笔债务。那个时代，想搞到额外的钱并不容易。教堂于 1906 年春季建成，9 月 23 号和 24 号举行了献堂典礼。欧文（C.J. Owen）第一次证道，他是美国南部浸信会平度布道站的。帅德顺和其他五位弟兄从胶县赶来参加了献堂典礼。直到 1912 年，这座教堂还是山东瑞华浸信会所有教堂中最大的，那以后才又建了许多和这差不多的教堂。教堂正式启用之后，从一开始每次礼拜都挤满了人，但绝大部分都不是基督徒，因为诸城是个新开辟的宣教地。

第一次洗礼是在诸城县城北面的扶淇河（Foki-river）举行的。一位受洗者是个老妇人，另一位是清军中的士兵。有人吓唬这位老妇人，说施行洗礼的时候她会掉到河里去，但她一点也不害怕。她曾听说基督教会和基督信徒都是基督的新妇。因此，她决定洗礼之后要弄套新娘礼服穿上，就像她年轻时做新娘子时一样。李夫人很勇敢，早在她走村串户卖布料的时候，就已经学着勇敢地面对一切了。尽管上了年纪，她在学习圣经基本教义方面相当快。她从不耽误一次主日学课。学习的一些经文，她总是都背下来。这位老妇人做了几年布道员，是诸城本地布道员中的第一个。首批在新建教堂洗礼的是于德林（Uh The lin）弟兄和于明时（Uh Ming shih）弟兄，时为 1907 年 3 月 6 日。

随着巡回布道的展开，传教士们遇到的一个严重挑战就是妇女裹脚的问题，这种习俗已经 1300 多年了，给成千上万的妇女带来了极大痛苦和折磨。最初来的时候，我们无论在城里还是偏僻的乡下，几乎看不到没裹脚的女人。现在，即使穷乡僻壤，裹小脚已经很罕见了。上海的立德夫人为妇女放脚不停地呼吁，编写散发韵文诗歌和散文等一些文学作品，宣传裹脚的害处和放脚的好处。清政府大约 300 年前就曾规定不许裹小脚，但没起作用。没什么事情比旧传统习俗更难改变的了。但是，清朝政府没能做到的事情，基督教各差会通过面向新时代的启蒙运动做到了。[6]

6　事实上，义和团运动之后，清政府推行新政改革，社会习俗方面提倡废止裹脚是一项重要内容。随着新政的推行，特别是民国以后，裹脚习俗已逐渐在人们心目中成为陋习了。只不过，传教士这方面的工作开展的较早一些，在地方上也更具体一些而已。更重要的是，清末民初人们生活方式的改变，许多妇女特别是女孩开始走出家庭走向社会，放脚、不缠足成了生活的需要。因此，废止缠足，中国妇女不再裹脚了，传教士的工作仅仅是一个方面——中译者注。

瑞华浸信会诸城女传教士与女基督徒

辫子的历史很长也很有趣,这里我一定不能忽略这一问题不记。截至 1944 年，留辫子的习俗由清朝入关后第一个皇帝顺治引入已经 300 多年了。作为被征服的象征，每个男人脑后都要留一条辫子。一开始，有很多人拒绝留辫子，但理发的人必须上报。不遵守这一新规定的人要斩首，不予宽免，这样的事例不胜枚举。明恩溥（Arthur Smith）博士曾经指出：“中国人是个聪明的民族，他们很快就认识到留着脑袋带着辫子，要比掉了脑袋什么也不留好。”共和革命时期，很多人因为辫子问题活了下来或丢了性命。欧洲人打架和逮捕人的时候，总是把中国人的辫子当大衣领子用。上海有一位绅士乘人力车，辫子绞到了车轮子里，他大声喊叫车夫要他把车停下来，可那个车夫误以为要他再快一点。一位欧洲人见状立即掏出一把刀子冲上去把辫子割断，救了那个人。可是，他受到了人们的指责，说他不应该把辫子给割断了。没什么事情比传统习俗更难改变的了。1912 年，我们这里有三名基督徒和三名学校的学生就差一点被割了脑袋，因为他们过早地剪掉了辫子。很多人因为留着辫子而救了他们的性命。

1905 年 9 月 18 日，诸城布道站开办了第一所男子学校，有四名学生。这个时候能开办学校，有男孩子来上学，是神的恩典。教师叫蔡永兴（Tsei Yong seng），烟台人。学校开办后的一些年间，教师的问题一直麻烦不断。有一名教师说他要回家拿本字典，就溜掉了，再也没有回来。受雇于外国人，被认为是一件不体面的事情。另一位教师也是因为受雇于外国人有失体面辞职回去了，再也没有回来。

1920年代瑞华浸信会学校毕业生与教师合影

1914年2月16日，我们租借房子开办了一所女校。这是诸城县城里的第一所女校，有十个女孩。有个女孩上了一段学之后说：“我再也不裹脚，不拜偶像了。”她后来一生都遵守自己的承诺。于（Uh）老师在男校教了两年，随后又到女校教了两年。

通过可信赖的中国教师和令爱德（Anna Lindberg）坚持不懈的工作，我们的学校已经发展为有300名在校生的具有一定规模的学校了，而且男女同校。我的责任主要是建房子、购买学校的用品、征召教师和发放薪水。圣经一直作为学校的必修课，但是否信仰上帝却完全自由，决不强迫。

这里我禁不住要说几句关于我们本地布道师的事情，多少年来，他们一直在为差会工作。我要说的第一个人是我们教会的王鼎勤（Wang Ting kieh）。通常都叫他“长大麻风的西门”（Simon the leper）。[7]他是通过一本孝敬父母的书信仰耶稣的，孝敬父母在中国人那里是一件很重要的事。他做了大约20年布道师，勤勉努力。在我们庆祝诸城布道站开辟20周年的会议上，他举手要求发言，公开声明说：”如果我有翅膀，我就直接飞到耶稣那里，告诉他我是多么感激福音传到了诸城，连我这样的人都听到了。”在他的晚年，让人搀着到教堂，倚靠着讲坛向他的乡亲们宣讲福音。现在，他已经在上帝身旁休息了，但人们对他的记忆和他的影响仍在。她的女儿是个布道员，已经做了很多年了。

7 圣经中人物，法利赛人，曾请耶稣到家里吃饭，看到了耶稣救人的方法，感悟到了耶稣教导的宝贵，彻底信主得救——中译者注。

这里值得提到的第二个人是刘士田（Leo Shi tien）。他原本是个布贩子，曾经骗过很多人，后来他在讲道时经常提到他骗人的事，为的是以切身体验说明当一个人信主以后，神的恩典临到他，他可以有多么大的改变。原来，他曾在日照得到一本《新约全书》，读了整整一个晚上，苦思冥想，但就是不得要领。后来，在我们一个分布道站，他遇到了棣奎德教士和"长大麻风的西门"。就这样，他与我们差会有了联系，经常听讲传福音。逐渐地，救赎之光照亮了他的心灵，他成了一个得救的人。在那之后，他接受了洗礼，去高密（Kaomi）读了圣经学校，开始散播基督教文学著作，宣讲上帝之道。虽然他年岁已高，但他还是背诵全部圣经。他是一个爱祷告的人。严格说来，刘弟兄不是一位神学家，但他能结合日常生活中的活生生事例说明道理。以下是他讲的关于上帝对不思悔改者发怒的例子。

> 有个人在集市上买一头骡子，卖家交待得很清楚，说这头雌骡子经常咬人。有一次这头骡子的新主人给她喂草料。被她咬掉了小手指头。新主人决定惩罚这头骡子，在下一次旅行中给她上了沉重的一驮子盐。沿途到了歇脚喂草料的时候，把其他牲口的驮子卸下来歇息，就是不给这头咬人的骡子卸驮子，也不给她草料吃，不给她水喝，结果旅程未结束，这头骡子就倒地不起，一命呜呼了。

几年前，刘弟兄在信仰中去世，觉得自已有福，我们确信他回了天家。他的老伴晚年也信了上帝，虽然她一开始觉得得救的道理很难理解。他们夫妇安睡在他们老家村子外的同一处坟墓中。

另外一对弟兄于宝德（Uh Pao te）和于明时，昌乐县(Chang Loa County)人，同村同一个家族。于宝德在烟台时转变信仰，由那里的中国内地会（the China Inland Mission）施行了洗礼。他常常谈及神如何遇上了他，当时他正在一间木棚子里祷告。他在这里工作期间，做过布道员，也做过读经班的领班。他是一个祷告的人，充满激情，富有责任心。晚年由恩格瓦尔（Gustaf Engvall）弟兄推荐，受聘于瑞典内尔彻（Närke）库姆拉浸信会（Kumla Baptist church），带薪为库姆拉浸信会工作。

于明时年轻的时候来到了诸城，在我们开办的学校里做厨师。他天生就是一个信教的人，平常耳濡目染就信奉了基督教，受洗成为诸城教会的一员。他非常荣幸，为教会工作 32 年。他是一个最值得信赖之人，每天一大早就四出散发基督教文学书籍，见证上帝。他在钮敦（Newton）医生的极力推荐下，去黄县（Hwanghsien）神学院学习了三年。钮敦医生说他会成为一名很好的牧师，但是，尽管我们多次邀请，他始终没有接受。于弟兄灵性极高，他虽然不是一个精力充沛的演说家，但有许多很好的想法，过着圣洁的生活。在一次为差会工作的旅途中，他遭遇了土匪的伏击，被土匪杀害了，遇害地点就离他的村庄不远。有时候，神的道路不是我们能理解的。

劳福堂（Loa Fo tang）以前是个演戏的，20 多年前信了基督教，从那时候起，他就做了布道师。这个人品性优秀，坚定信仰基督，对神的话语有着极强的领悟力，非常清楚救赎的深邃奥秘。在和平年代里，我们举行帐篷聚会，他是一位足智多谋的同工。老弟兄现在上了年纪，不再活跃于各种活动了。他的两名女儿都上了我们差会的学校，有一名还读了黄县的神学院，现在是我们的女布道员和教师，品格良善，行事正直。

还有其他一些人在传布福音方面很有成效，对很多人来说，这是福气，但这里不能一一提及，神会奖励她们的。限于篇幅，关于那些为我们差会服务许多年、做出了很大贡献的女布道员，我不得不吝惜笔墨了。

1940 年代瑞华浸信会诸城小学教职员（前排中央一位女教师是瑞典来华第二代传教士——令约翰的女儿）

这么多年来,每当有人教新来的人期望寻求上帝时,我们的所有布道所都会举办读经班。读经班要反复讲授、阅读、祷告、唱圣诗。主要课程包括创世的历史、亚伯拉罕（Abraham）、约瑟夫（Josef）、摩西（Moses）、大卫王（King David）以及旧约中其他人物生平。新约我们主要讲授耶稣生平、登山宝训、使徒保罗（Paul）等。我们还教授悔改、浸礼、主的晚餐、参与教会的意义。我们的主要布道站，每年夏季都会开些进深课程，像教会领袖以及对神话语更深的讲解等。有些时候，我们还请像王奇山（Wang Ki shan）、陈邃（Chen Swei）以及其他著名牧师来讲道。

诸城宣教区开辟以来，布道所一直不断建设。1916 年，开设了三个布道所，但这三个布道所由于各种原因未能坚持下来。有的布道所办了几年，有的则开设时间很短。在这个动荡不宁的国家，各种条件不断变换，人们的态度和信念也在不断变化。在各种变化中，政治不稳定对我们的影响最大。离诸城 5 公里路的梨园（Li yuan）村是我们 1907 年开设的第一个布道所。我们在那里开办了一所学校，教授普通学校课程和圣经。这个村子一名王姓基督徒在这所学校教书，他教了 13 年，就是我前面提到过的在诸城的男子学校里面第二个跑掉的那个。王姓教师离世之后，学校停办了。在这个村庄，三十年间一直有正常的礼拜日活动，开办主日学校。那里一度有 20 名信徒，但现在几乎都离世了。我们在那里租赁的房屋，已经都退还给原来房子的主人了。

共和之前，诸城北面 20 公里处的市镇相州（Seang Chow）开辟为宣教地。这个地方有许多强烈的偏见，有些人憎恨外国人。我曾经在这个镇的大街上和广场上宣教数年之久，那时候，我们试图开辟一块宣教地，在韩铺大街（Hemp Street）上租了一所房子。这里我简单说一下开始时候的情形。宣教的一切准备工作都做好了，预备了一些教堂里用的长条凳子，搭了一个有讲坛的台子。我在一个星期四去了那里，大街上挤满了人，但当我们打开门请人们进来的时候，尽管我们反复邀请，可所有人都站在门外，没一个人肯进来。大家都觉得如果谁进了门，那就会被认为是人了外国教。于是，我走到门外，为那些人读经书、讲道、唱圣诗。“你要是害怕的话，就进门坐在后面靠门的凳子上，”我对他们说。可是，不管如何说，还是没有一个人肯迈过门槛。无奈，我只好在门外对着一大群人布道。

我回家以后，把这里的情况告诉了我的妻子，邀请她下一次和我一起去。她答应并照做了。这一次，我们乘一辆没棚的大车到那里去，这样人们都能看见有个外国女人来了。我们休息以后，在里面的小房间吃了午饭。天渐渐黑了，我们决定让我妻子坐在讲台左边的座位上，这样除非到门里面来就见不到她。点上灯笼以后，我妻子做到了事先说好的座位上。这个时候，我开开门，见到外面有一大群人。那些好奇的人都想见见外国女人，突然被后面的人挤搡着推到了门里，于是，所有人都不管那么多了，也都跟着进来了，整个房间即刻就挤满了人，扬起了灰尘。聚会之后，人们井然有序地各自回到家里，以后再来聚会的时候就不再担心害怕，没有一些迷信的想法了。然而，这里的工作并未能继续下去，历经十年的勤勉艰苦努力和祷告，现在无论是物质上还是精神上都毁灭殆尽了。他们坚硬的心没准备向耶稣敞开，他们拒绝了耶稣。

另一处布道所注沟（Chukou），在比较有利的环境中开办于 1914 年。棣奎德弟兄第一个在这里布道，他说："我的这所房子，要叫为民祈祷房。"于明时在这里住了很多年，工作自然稳步开展起来。1944 年 4 月 22 日，这里成立了诸城瑞华浸信会第四个分会。

其他几个布道所这里就不一一叙述了。数年前，有两名军官进驻贾悦（Kia Yueh）布道所，把那里的聚会厅变成了他们的卧室。我过来之后，他们卷起行李搬走了，并请求我原谅。

我 1917 年 5 月 19 日的日记有如下这样一段记述："昨天晚上 9 点着了一场大火，三十三个家庭无家可归。布道站和小教堂安然无恙，这是神的圣迹，因为大火一直烧到了我们布道站和小教堂墙根下。这里的政府官员和军队赶来帮助灭火。见 1917 年 9 月 17 日《瑞典浸信会报》。"

很显然这是一次神迹，小教堂对面的房屋也没有着火，我们井里的水那天晚上也没有淘干，尽管不停地用水桶往外提水。

乡村谣传说城里瑞华浸信会布道站烧毁了。星期天很多陌生人来参加礼拜，他们见到了完好无损的布道站和小教堂，纷纷向我们表示祝贺，我们感谢上帝大显慈爱，在危险时刻保护了我们。

现在说说我们布道站一直开展的医疗保健工作。这一慈善性工作在胶县、高密和这里即诸城三地展开。中国人似乎认为只要有一个传教士是医生，其他一块来的传教士就都是医生。我们一到诸城，人们就要求我们给人看病。在中国，疾病和病人到处可见。我充当乐善好施的医生整整八年，为人们消除、减轻了一些病痛，治好了一些大大小小的创伤，也挽救了许多人的性命。在这个过程中，有很多机会见证神，见证神救赎的大能。

瑞华浸信会诸城布道站医院

后来，白多加（Matilda Persson）小姐来了，她接手了我做医生的工作，取得了巨大成功。她征招了一些中国助手，其中有些人有大夫头衔。1930 年中国内战期间，[8]许多伤兵得到了救助。8 月 3 号是这场战争最引人注目的一天，随后很多伤兵运到了诸城，收容站的屋子和院子就像一个屠宰场。令阜顺（令约翰的儿子）是这次救护的负责人。所有治疗都是免费的，只有药品和绷带需要付费。每天早晨，在候诊室有祷告和简短的讲道。通过我们的医疗，为上帝赢得了一些人，差会在百姓中间有了更好的声誉。但是，到了 1932 年，由于诸多原因，我们不能继续这项工作了。白多加小姐还继续她的一项特殊工作——充当接生员。

据说第一次鸦片战后，道光皇帝在 1842 年与英国签订《南京条约》时，切断手指用自己的鲜血在条约上签了字，自那以后，中国由于这场战争一直在流血。

1915 年，当日本向中国提出二十一条时，所有有识之士和爱国人士都认识到了这一问题的严重性，二十一条对整个中国未来的福祉是一巨大威胁。那时，袁世凯担任共和国第二任大总统，他与日本人在他作为中国商务代表驻朝十二年间，彼此已经十分了解对手了。

8　即中原大战，又称蒋冯阎大战或蒋冯阎李大战，山东为主要战场之一——中译者注。

穿着中国服装的白多加与另一位女传教士
乘坐独轮车下乡为人接生

意外的巧合，我见到了一次爱国示威活动，大约有三十来个学生在诸城士兵训练场上开会，也发生了与道光皇帝切手指类似的事件。我离他们稍微远了点，没有听清楚他们在说些什么，但看到这次集会以下面的方式解散了：有个学生大声地哭喊着切掉了自己的手指，用鲜血写下了“亡国奴”三个大字。这三个大字写在一块白布上，用一根长杆子挑着，像一面旗帜。三十来个学生跟在这面旗帜后面，像举行葬礼一样大哭着奔向城里。这一场景给我留下了深刻、痛苦的印记，很难忘怀。

自山东瑞华浸信会布道站设立以来，由于多次战争的原因，经历了许多动荡不安的时期。我们经历第一次值得提及的战争，是中国由帝制转向 1912 年共和的战争。那时候，我们经历了十四天的恐怖时期，帝国的军队全城到处搜捕隐藏的叛乱分子。我们三名教会成员和三名年纪较大的教会学校学生剪掉了辫子，结果被认为是叛乱分子。他们来到布道站隐藏起来，处境十分危险，但神恩典保护了他们，也让我们躲过了一劫。对德国信义会来说，就没有那么幸运了。他们有许多无人住的建筑，很多叛乱者闯进去藏了起来，但很快就被出卖了，清军找到了他们，把他们带到了城后面绑到树上枪毙了。被杀的人中有一位信义会的布道师。假如我们从布道站出来，没人知道会发生什么。第一天，有两名士兵过来传达了他们指挥官的命令，说要我们到城里的天主教堂去。他们有人押送我，一边一个士兵，手里端着枪，食指扣在扳机上。在被押送到天主教堂途中，我看见大街上有被杀死的一小堆人，这些人的衣服和鞋子都被脱掉了，那些衣服被士兵们当做战利品掠走了。也许我们记得罗马士兵们在耶稣被钉在加略山（Calvary）十字架上被难时也是这样的情形。

第二次战事是 1916 年的山东讨袁护国战争。那时诸城被围了七八个月时间，晚上围城军队向城墙上施放黄色炸药，不停地放枪，我们的窗户震得咯咯作响，房屋颤动，没人能睡得着觉。但是，我们差会和传教士们受到了反袁军的尊敬。他们有一些人来参加我们的礼拜，甚至还有奉献。

城里没有流血，但在城外的村庄有些人被捕，在城墙边上枪杀了。即便是我们的住处，也能闻到死尸的气味。有一次，我见到河边有一群狗在啃咬十一颗人头。有时候，一些人头挂在城门上作为战利品炫耀。

我们经历的第三次战争始于 1930 年初，持续了整整六个月[9]。关于这场战争的传言，一直传到了瑞典。一家瑞典晚报 4 月 3 号报道说："六名瑞典传教士在中国一所被围困的城市遭到逮捕。"该晚报 4 月 6 日又报道说，"营救六名传教士的活动毫无结果。"5 月 5 日的报纸报道说："瑞典人在中国的房子遭到了轰炸，六颗（实际上是十一颗）炸弹落到了房子里，有数百枚弹片嵌在房屋的墙里，传教士们不得不在地窖里躲了六天。"《瑞典每日晨报》（*Svenska Morgonbladet*）4 月 5 日报道说："没有六名被关押传教士生还的消息，那座城市依然被大批军队围困。有三名传教士赴围城的军队里探险。"稍后，又报道说："被关押的传教士音信全无。"该报还刊登了六名传教士的照片。

关于围困诸城以及这期间城里的情况，我为《青岛时报》（*Tsingtao Times*）写了一篇长文，题目是《诸城被困六个月纪实》。这篇文章受到了读者和主编斯托克维尔（Stockwell）的好评，主编个人写信对我表示感谢。

后来，我在《瑞典浸信会报》1930 年第 42 期上作了如下报道：

9　这次战争即蒋冯阎大战，一般认为自 1930 年五月初正式爆发，至十一月结束，历时七个月。这里说的六个月，应该是指山东战场。不过，山东战事九月底即已结束，实际历时五个月。从这里的有关记述看，作者讲的应该只是诸城一带的情况，交战双方敌对状态开始得更早一些。据有关资料显示，诸城战事 1930 年二月下旬正式开始，八月下旬结束，持续六个月有余，与这里记述的一致——中译者注。

城里的气氛令人十分恐怖。我用作办公室的房子遭到了两颗炸弹攻击，屋顶、墙壁和窗户都炸坏了。如果我不是在十分钟前离开了屋子，很可能就送命了。此外，我清点并称了一下落在我们这些房产内的弹片，炸弹弹片 117 块，重九公斤，枪弹 215 颗，重六公斤。这里落下了十颗炮弹，共计炸毁窗户 59 个。感念上帝神迹，我们没一个人遇难，也没有人受伤。

通常每天清晨和傍晚都能听到城墙周围的枪炮声，这种情形一直持续了 113 天。城里有大约 80 名叛乱者[10]被打死，我不清楚城外有多少人丢了性命，传说有数千人死亡。城外不远处有个空军基地，停放了两架飞机，不停地到处轰炸。一家天主教修道院被毁，另一个地方炸死了一些人，伤者难以计数。

全能的神无时不在保护我们，一刻也没有忘记供给我们的需要。上帝是他子民的坚强堡垒，保护教会的财产不受大的损坏，保护我们传教士和基督徒不受损伤。上帝的应许永不落空，不，永远不会。愿荣耀归主圣名。

蒋冯阎大战期间山东战场落入诸城瑞华浸信会房产的炮弹碎片

10 作者用了 rebels 这个词，当时城里守军是冯玉祥的西北军，显然作者是站在当时中央政府的立场上予以报道的——中译者注。

那 117 片炸弹片怎么处理了？它们用到了该用的地方，这里我禁不住要说一下。有一块大弹片上面有“Bofo(rs)”字样。我们知道，中国曾经从瑞典购买战争物资。我们曾经在一个旧大箱子上见到过这个字样，因此制造炸弹的铁是瑞典某些铁矿生产的，并在瑞典的博福斯（Bofors）制造出了炸弹，博福斯这个名字就铸造在弹壳上。117 块弹片送到了这里的一家铸造厂，铸成了一口重八公斤的钟。铸造这口钟的师傅说他在熔铸的时候加进了一点“山西锅铁”，为的是要使这口钟声响亮一点。直到 1937 年，这家人一直用这口钟招呼大家一起吃饭。1937 年以后，因为这口钟声音很好听，就作为教堂用钟了，送到朱解（Chuhsien），在那里挂了八个月，敲钟召集大家做礼拜，直到日本人打到了朱解。日本兵进驻朱解之后，从教堂把那口钟拿走，挂到了他们设的衙门最高的拱门上。在那个地方挂了一段时间以后，通过一位朋友协商，日本人允许我用一美元买回那座钟。此后，这口钟就藏进了北长老会在南朱解的一座仓库里。稍后，我到北朱解访问时，商量要回这口钟，放到手推车上运回了诸城，又把它挂在了老地方——靠近我们厨房的那间屋檐下，于是，自 1939 年起，就用它来招呼我们一日三餐了。

令约翰夫妇和女儿与用炮弹碎片做的钟合影

我们在这里经历的第四次也是最后一次战争始于1938年2月，这一次是日们军队来了，占领了诸城，并没有经过多么激烈的战斗。城里涌进了数百名避难者，大部分是年轻妇女，逃进了作为中立之地的布道站，最后挤满了学校的教室。这些妇女是从日本兵的魔爪下逃出来的，日本兵光天化日之下试图在大街上强暴她们，不分老幼，残暴行为令人作呕。两三个月的时间，这些妇女一直住在我们的学校里，我们每天和她们一起读经，礼拜天她们和我们一起做礼拜。我们这里的女传教士教她们读经，领着做礼拜。

不知什么原因，有人闯进了我们的院子。事情的经过是这样的（写给瑞典驻上海领事的报告）：

致瑞典国王陛下公使

中国　上海

阁下：

兹谨向驻华公使报告一队日本兵1941年11月1-2日闯入诸城瑞华浸信会布道站的情况。近四十年来,中国武装人员,无论是军人还是土匪,从来未闯入过我们的布道站,此前日本军队自战争爆发以来也没有这种情况。事情在毫无征兆的情况下突然发生了，具体情形如下：

一队日本兵从南面过来，在我们布道站大门外停了下来。他们的军官和士兵都骑着马，似乎准备进入布道站。1937年瑞典公使馆声明这是瑞华浸信会的财产，这份声明张贴在墙上，并有红色中文公告，1938年2月1日，他们也接到了日本最高指挥官禁止日本军人进入瑞华浸信会布道站的官方文件。在此之前，这些告示和文件受到了每个人的尊重。

我礼貌地表示抗议之后，带队的日本军官径直跨过了了门槛，而我当时就站在门口，他用马鞭打了我两下脸，然后从马上下来，带着几位军官模样的人进了院子。到了院子里，他用日本军刀威胁我。我的妻子看到这一幕，从屋子里跑出来，一位军官用枪抵住了她的胸膛。接着，这名军官和其他几个人用英语指斥我们是间谍，用一根棍子推推打打把我们赶出了院子。他们就是这样残酷地对待我们这些年过七旬、头发灰白的老传教士。我们已经在这里与中国人共同生活了38年，并一直受他们尊敬。星期天上午那些不速之客走了之后，我们的邻居们对我们的遭遇表示了热切的同情，前来安慰我们。

那天夜里，五名日本军官把我们从卧室里赶出来。他们闯进了教堂、我的办公室、我们的餐厅、厨房、五间教室和其他一些建筑。幸运的是，我们成功阻止了他们进入孤女院。日本兵没有抢劫布道站，但拿走了一些小物件，把我们的房间和整个布道站大院弄得乱七八糟，其他东西尚得以保存完好。一位年轻军官握着我妻子的手，说他们不应该这样残酷地对待我们。

不知公使馆可否致信日本当局提出抗议，以保证我们山东瑞华浸信会布道站不再受到此类侮辱性攻击，这类事情此前从未发生过。我们不希望将此次事件公之于众。

专此敬陈，诚惶诚恐。

令约翰（J.E. Lindberg）

下面是我们收到上海发来的瑞典公使馆的复函：

1941 年 8 月 14 日，上海

荣幸地收到您去年 11 月 4 日的来信，对你们所受到的侮辱性攻击，谨表深切的同情和慰问。

业经将您来信副本转寄东京瑞典公使馆，请他们向日本有关方面提出抗议，要求确保不再发生日本武装力量攻击任何瑞典传教士事件。

谨致诚挚问候！

马特・布瑞璞（Malte Pripp）代办

在我们宣教工作中，虽然遇到过一些小的困难和障碍，但总体上说还是一直受尊重的。曾有人要求我们写出开办学校里学生的姓名、国籍、财产以及学校规模和财产状况与教会成员的数量等等的报告。因此，就有了一个所谓教会运动（Church movement）这样一项新指令，这项指令起源于日本政府和日本的卫理公会（Methodists)。我们这里有一位潍县来的代表，他向我们介绍了这项运动，但在私下交谈中，他眨着眼睛说："你们浸信会还是浸信会，我们长老会还是长老会。"这项运动开展三年之后，逐渐衰弱了。烦扰人的不是基督徒组织问题，而是上面领导人太多，不知听谁的好。神怎么能允许这个国家妨害传布福音、妨害基督教的发展？不能，他无时无刻都在看护着自己任何一个地方的教会。

像高密和胶县一样，诸城布道站也有一座通过文道慎从美国寄来的帐篷。

最初一些年间，春秋两季经常使用。在三十多个村庄中，每个村庄用一个星期。我们在帐篷里布道、读经、唱圣诗、祈祷，广泛散发基督教文学书籍，有很多人到帐篷来观看我们布道。实践证明，帐篷布道在开辟新宣教地、发现寻求生命之路的新人方面是行之有效的。参加帐篷布道工作的有传教士、本土布道师和布道员。有一天，我问本土工作人员："你知道在全县每个村庄布道一个星期，要多长时间能轮个遍？"他们不知道，但我很清楚，需要三十四年半时间。他们听我这样说，都感到惊讶。不幸的是，我们生活在这样一个动荡不安的时代，不可能带着帐篷到处旅行。愿上帝赐福，加添我们已有的工作，传布他的福音，向每个听讲的人做见证。

很多经历的事情和境况值得记述下来，但我不得不舍弃了，不然的话会令读者生厌的。然而，还有一件事情是必须提及的。尽管诸城离最近处的火车站只有六十公里，我们还是觉得驻地太偏僻了。如果我们住在铁路沿线，就会方便很多。不过，这种境况为我们提供了在外出旅途中去其他布道站歇脚的理由，有了享受友好款待的喜乐。回想十七年间我带着孩子们途径胶县、高密到烟台学校途中所受到的盛情款待，一种圣洁友好之情便油然而生。我们突然造访的家庭主要有胶县任其斐夫妇（the Rinells）家、帅德顺夫妇（the Swordsons）家和高密李安德夫妇(the Leanders)家。

诸城的见闻就记述到这里。

由于我妻子和我在诸城呆了 40 多年，不可避免有着那里的一些不同经历。除了上述提到的一些之外，我现在想补述两次在近 20 年间护送孩子们往返烟台上学的经历。我们往返烟台近 30 次，这里仅说一下我在诸城期间到烟台的两次旅行。

第一次是指首次带着两个孩子从诸城去烟台，第二次是指多年之后带着三个孩子的旅行，因为时间跨度太长，旅行中遇到的各种境况很不同，我这里记述的是我称之为"远征天津"的旅行。

一次从诸城到胶县的旅行

1905 年 1 月 24 日，从胶县雇了一辆马车，到诸城来接孩子们。1 月 24-25 日夜间下了一场大雪，尽管如此，马车夫王恩（Wang Erh）雪一停就来接我们了。他 25 日傍晚到了我们这里，第二天我们就得启程，以便赶上轮船，那艘船 1 月 30 日驶离青岛。

山东胶东山地旅行用的軳子

两年前带着西格妮（Signe）去烟台，乘坐的是軳子，可诸城没有軳子，除非是专门订租。诸城这里像很多其他地方一样，人们通常用的是两轮马车，有时候称作“北京大车”。这种车有两个大轮子，轮子上有铁皮和铁钉包裹着。在一根枣木横轴两端置有辕木。辕木在车厢后长出一英尺，前面足以抵达马背，用以套马。冬季，车厢覆盖着絮有棉花的遮盖御寒，有时候车厢里还有一层较好的顶棚。我们雇的大车没有这些东西，车厢前面敞口处挂着一个帘子，帘子中间有块小方玻璃。车箱后面有小站台，可以把行李捆在那里。车厢前面也有个小站台，叫“车托盘”。车夫坐在这个托盘左边，旅行者坐在右边。过去的岁月中，我曾经坐在这种车托盘上旅行过数百次，行程数千公里。坐在右边的旅客，只有脊背可以靠一靠，两条腿搭拉在车辕下，所以夏天凉爽，冬天冻得慌。在温暖的季节，拉车的骡子不时摇摆尾巴驱赶蚊蝇虫子，所以旅客既能沾不受蚊虫叮咬的光，又得受畜牲尾巴抽打的苦恼。车厢里，底板是向后倾斜的木板，旅行者必须尽可能安排好行李、坐垫和铺盖等一应物件。

在这次旅行中,西格妮和弟弟斯温(Sven)坐在车厢里，他们是第一次去上学。我坐在大车前站台的右边，行李——斯温的箱子以及车夫喂骡子的饲料袋子绑在车厢后面。前站台放着车夫的铺盖，我就紧挨着车夫的铺盖挤一小块空间。当时我穿着长统靴、棉大衣，戴了一顶皮帽子。在那些天的旅程中，我们带了些食物，但没带水，因为即使带了水也很快就结成了冰。

我们吃过早饭就上路了。在离城 20 公里的百尺河（Pei Chi Hoa）休息了一下，吃了些东西。这一段路一切顺利，路很平，没多少雪。但是，下午我们到了一处叫作“龙山东”（East of the Dragon Mountain）的地方，遇到了几条山谷，一直延伸约十公里。这时候我们不能继续沿着通常的路行进了，而是转向东北方向，想法去台家大村（Taikia Tatsun）。我们到达台家大村的时候天黑了，在这里我们被一条大街上飘移的积雪挡住了去路，不能前往一里左右远的岳沟（Yueh Kou）了。台家大村有几家小客栈，但却不在我们走不出去的村庄里面。台家大村有些富裕和读书人家，他们不担忧一个穷困潦倒的外国人陷在了他们狭窄街道上的雪地里。大雪天他们有个习惯，或者说有个坏习惯，这就是把自己院子里的雪都扔到大街上，扔在那里等天好了慢慢融化，没人关心他们大门外会发生什么事。他们更感兴趣的是在家里抽大烟、打牌或者与朋友聚会、与妻妾们在一起打闹。

不知道车夫在哪儿弄的饲草喂骡子，也不知道他找到了什么地方睡觉，但他为我和孩子们找到了一间打谷场小屋子过夜，还带来一个金属罐，用来给我们烧水喝，加上我临走时带的干粮，这样就可以解决吃饭问题了。打谷场的小屋子里有一铺砖砌的炕，但我们找不到柴草烧炕，只能干冻着。小屋子的墙壁漆黑，屋顶和角落布满了大蜘蛛网，灰蒙蒙的。屋子有个可以开启的小窗户。几乎所有打谷场都有一个看场的小屋子，在庄稼脱粒的季节盛放工具，供一两个看场的人睡觉。这就是我们那天夜里过夜的地方，平时除了迷路的乞丐，没人会在这种地方过夜。我们和衣而卧，第二天一大清早就冻醒了，但却没受到什么伤害。

太阳出来后，我们没有吃早饭就赶路了。过一个十字交叉的大水沟和一些大雪覆盖的山谷，花了大约一小时时间，车夫王恩不时用鞭杆测测雪有多深才敢往前走。我们在岳沟吃了一段暖和的早餐，简单洗漱了一下。

岳沟到高密，这时还有一半的路程。数年前，这里一条大街上有家汽车服务点，但现在已经关门了。我在这里见到的事物稍后再说，先说一下以前在这里的经历。1897 年，我第一次访问这个村庄，住在一家小客栈，那是我在外出布道、散发基督教文学作品旅途中的事情。村子围墙内有一座战神关帝庙。据说关帝的老家在山西，大约生于公元 300 年。是三国时代的战斗英豪。最后，他和他的儿子都被杀死了。他的塑像，脸总是涂得像血一样红，在中国，被尊为战争保护神。数百年来，根据一部小说编写的戏剧反复上演。在这个村子的中心地段，还有一座比较大的关帝庙，庙门朝北，这是预示阴冷、黑暗、不幸和死亡的方向。东边墙上有块石头嵌刻着许多人的名字，当我在那里读这些人的名字时，围上来一小帮人，我问他们这都是些什么人，其中是不是还有人健在，他们告诉我说，“这里面的人没有活着的，都死了。”“那现在你们村里还有像他们一样的好汉吗？”我问道。他们说没有了。这时候岳沟村没有好汉了，多么悲哀啊！

我继续向东走，走进了一扇开着的大门，大门上红纸黑字写着：“大发财院”（Ta Fa Tsai Yuen）。我送给屋里主人福音书籍，可他说他没有钱。“这怎么会呢？”“今年这一阵子旅客少，生意不好，家口又多。”这些理由似乎合理，送给他几本小册子之后，我就离开了。

村头有一座两层建筑，不怎么壮观。走到近处一看，才明白这是文昌庙（Wen Chang's temple）。这位神主管士人功名禄位，他的庙通常与孔庙在一起，位于孔庙东南角，或靠近孔庙的某个地方。文昌身后留有“训文”，[11]开篇有这样一些说法：“乾为大父，坤为大母。含宏覆载，胞与万有。”

我们布道站能够在宣教区大范围内活动、召集帐篷聚会那些年间，曾经在这个村布道一个星期，当时有很多人来听讲福音，我们也在读书人中间散发了大量基督教文学作品。但那次活动并没有立即收获果实，前些年，据说通过高密布道站长期持久的工作，这里已经有人信仰基督教了。

吃过早饭，喂饱了骡子，我们从岳沟出发，穿越沟沟坎坎和几座小山，向东北方向进发。这个时候，要沿着通常行走的路那样走是根本不可能的。在很多地方，我要尽全力在后面抬着车厢，以便大车顺利通过沟洼之地；有时用胸脯顶着大车车厢，帮助大车前行，结果弄得我肋骨痛了好几天。我很奇怪，车夫王恩是怎么赶着骡子驾车通过这山岭之地的，山岭间的道路一片白雪，根本看不出哪里是被雪覆盖的坑坑洼洼。

由于地面白茫茫一片大雪，我们见各种鸟都无法觅食。车轮辗过的地方，有时漏出星星点点的地面，那些鸟就赶忙飞过去找一点吃的。路上经过的村庄都很宁静，偶尔听到一声犬吠或驴叫。西北空中滑过几片云彩，有的遮住了太阳。

太阳快落下去了，西边天上升起了一大片黑云，看样子我们已经把那座大山甩在了后面。这一路上我一直跟在大车后面，在那样的山路上是根本不可能坐车的。傍晚时分，我们来到了一个比较大的村庄，没敢再往前走，骡子拉了一天车，也筋疲力尽了，于是就决定住下来，住进了一家很不整洁但比较宽敞的客栈，店主人脾气很好，住在这里要比在有不少富人的那个村庄好多了。我

11 作者此处似指《文昌孝经 · 育子章》——中译者注。

那两个冻得发抖的孩子钻到了炕上暖和，我们挤在炕上最暖和的地方过了一夜。

第三天，我们终于到了胶县。在雪地里走了三天，我累得要死，还有一根钉子扎进了靴底，弄伤了脚后跟。象通常一样，我们住进了县城西部好客的任其斐家，受到很好款待。第二天，我们乘火车去青岛，从上海来的德国轮船努尔·吉斯奇（Gouverneur Jäschke）号正在驶往青岛，到那里去接赴烟台上学的学生，[12]也就是要接任其斐和我们家的孩子去烟台。

回到胶县的时候，我遇见了阿雅各医生，他刚刚从平度过来，诸城的倪典病了，请他去看病。所以，这次我要找辆马车，好好陪着这位医生回诸城。天依然下着雪,很冷,我们像通常旅行一样,晓行夜宿。不过，这一次没有走来时到胶县的那条路，而是选择了北边的一条路。顺利行走了两天，就结束了回来的旅程。阿雅各医生给病人看了病并开了药方之后，就冒着严寒经胶县回平度了，他这次行程 260 公里。在到中国之前，阿雅各医生说他的目的是做一名医生传教士，以便帮助他的传教士弟兄，只要他活着，就要为所有瑞典人看病。阿雅各医生在中国生活的时间不很长，死于胆囊炎，葬在了青岛。

护送孩子上学回来以后，我们得以再次感恩上帝帮助和保护我们尽到了做父母的责任。上主仁慈，普施恩惠。

远征天津

1914-1915 年护送孩子们上学
第一次失败的旅程

这一次，还是护送我们的孩子到烟台中国内地会学校上学，只不过不是两个，而是三个了，他们是：斯顿·弗里蒂奥夫（Sten Fritiof），15 岁；斯格伯特·罗兰（Sigbert Roland），13 岁；斯威亚·亚历桑德拉（Svea Alexandra），11 岁。8 月初，他们放假回家与父母一起度暑假。我乘小船去青岛接他们，和他们一起坐火车到高密，然后从那里改坐大车回家。我们从青岛乘火车到了第一站——大港（Ta Kang）站的时候。可以见到一根杆子上写有“这里打仗”（Es ist Krieg）字样。在青岛，我们在德国信义会瑞布劳格（H. Reploeg）家里住了一夜。在高密车站下了火车之后，我们坐两头骡子拉的大车继续赶路，经过 60 公里长途颠簸，回到了诸城，一路没什么麻烦。

12 晚清和民初，中国内地会在烟台开办的男、女中小学，闻名全国，很多地方的传教士都把孩子送到那里读书——中译者注。

民国初年的济南老火车站

我们从报纸上了解了战争进展的情况。首先是所有德国沿岸船只，都从中国海港和海岸线撤离了，紧接着是日本计划从北面崂山和西面黄岛包围青岛。他们在黄岛修建了一条窄轨铁路，距胶县不远，给我们在那里的传教士们造成了许多不便，结果，想经青岛护送孩子们上学就不可能了，东面的陆路也被切断了。

这一年的 8 月天很热，雨水也多，蚊虫繁盛。孩子们的妈妈每天忙着为他们做新衣服、缝补旧衣服。这些都准备就绪了，就开始打包装箱子，预备他们返回烟台的男校和女校了。到了这个时候，剩下的事情就由我来做了，出去雇大车，商定出发的时间。回去的时候不能再走高密车站了，那里被日本兵占领了。于是，我们计划走潍县，以为那里的车站还没关闭。出了诸城 10 公里路程，就要过潍河了，夏季大雨之后，河里充满了流沙，骡子走下河去的时候，高高地耸起了鼻子，好像是要潜水的样子。起初，我以为骡子要到温暖的水里去洗个澡，但骡夫明白是怎么回事，赶紧跑进河里，把骡子的鼻子抬高到水面以上。他知道，骡子在河里可能淹死，因为驴或骡子不会游泳和潜水。我们想办法过了急流，继续前行，第一天过了相州（Seangchow），到了景芝（Kingtze）过夜，那个地方的客栈特别脏。第二天，我们到了骡夫的村子，在他家的外屋住了一晚上。我们来的时候自带了食物和行李，在中国，无论什么时候外出，必须要自带食物和行李的。

传教士旅行常用的马车

车夫的村子离潍县不远，靠近火车站。傍晚时分，我急急忙忙赶到了车站，想看看我们能不能在第二天早晨乘上火车。在车站外面，我见到几个德国铁路雇员正在吃晚饭，他们告诉我说可以买票，在第二天早晨坐到省城济南的火车，我听了后就放心了，回到骡夫的村庄，尽管蚊虫叮咬，还是吃完晚饭就睡觉了。第二天一大早起来，收拾行装就到车站去。走了没多远，我们就碰到了一个中国人，他对我们说："不要去了，去了也没用。昨天夜里来了日本兵把车站占了。"一开始我们还不相信，但很快我们就看到了日本兵，个个荷枪实弹，枪上的刺刀明晃晃的。见此情景，我们的心一下子凉了，不得不回到骡夫的村庄，商量下一步该怎么办。

最后，我们决定回家，但回家之前，要先去城东看看美国北长老会的传教士，他们著名的布道站离潍县城很近，站在城外的村庄几乎就能望见了，我们要在那里再过一夜。到了长老会布道站以后，我们告诉他们我们是做什么的，计划乘火车到济南，但没走得了等等情形。他们热情地款待了我们，方伟廉（W.P. Chalfant）夫人邀请我们一起晚餐，招待了我们下午茶。她给孩子们讲了许多有趣的故事，她善于做这样的事情，因为她初来中国时在一位英国传教士家里做家庭教师，现在是方伟廉的第二任妻子。她和孩子们开玩笑说她的姓很好记，姓方，"因为我看上去是方形的"。她笑着说。我们感谢她为我们所做的一切，随后就分手启程赶路了。

我们先回到了骡夫家里，商量决定于第二天回家。不过，这一次不能做大车了，只能顾一头骡子驮行李，三个孩子轮流骑一会骡子，走一回路。我们一行总要有三个人步行，其中我要一直步行，两天时间走了 10 公里。我们必须节约开支，因为战争爆发以来一直没有收到瑞典国内的汇款，这样一来，最近一段时间，没有钱，很多时候给我们带来了难以启齿的困扰。

孩子们怎么回学校上学？这是我们接下来要解决的难题。他们的妈妈负责我们的差会学校，在那里教书，一天大部分时间都要呆在学校里。于是，由我来教这三个孩子秋季的课程。由于我缺乏教学法常识，教三个孩子并不是一件容易的事。此外，我也没有烟台学校的课本。我尽最大努力教他们拉丁文，但距离烟台学校教的差得太远了。秋季学期就这样过去了，很快时间就到了 1915 年 1 月。

第二次送孩子们回烟台上学成功了

我们知道，烟台中国内地会学校春季学期 2 月 1 日开学，但问题是我们怎么把孩子们送到那里？最近便的陆路和海路都不通了。最后，我们决定设法经济南、天津去烟台。这样绕道行程，就好像途径挪威首都奥斯陆（Oslo）和瑞典哈帕兰德（Haparanda）赴瑞典马尔默（Malmö）一样。

1 月 25 日，我们开始第二次去烟台的旅程。由于依然没有国内汇款，只好雇一辆大车到高密，本来是应该雇两辆的（我们需要节约一点是一点，在布道站，为了省钱，我们十个人凑在一起开火做饭。作为布道站的司库，我清楚，我们每天至少需要 59 分到 60 分钱生活费）。这一次我们把行李放车厢里面，把箱子绑在车厢外面。两个小点的孩子坐车厢里，斯顿（Sten）和我要步行 60 公里去高密。开始时，大约有三分之一的路程还美美的，冬季的下午，阳光明媚，暖融融的。但是，到了百尺河（Pei Chi Hoa）的小客栈，在我们要上炕睡觉的时候，起风了，后院的白蜡树呼呼作响。第二天早晨，西北风很大，天上雪花飞舞。很不幸，我们开始感到步履困难，越来越迈不开步，于是就拽着车上的绳子，让大车拖着往前走，大车也为我们遮挡了一下寒风。有段时间我试着在车夫的位子上坐了一会儿，寒风越刮越猛，吹透了我的后背，结果后来有好几个冬天一直受风湿痛病的困扰。到了高密南郊的时候，车里两个小家伙冻僵了，斯顿和我筋疲力尽，鞋袜都湿透了，狼狈不堪，需要找一处有煤炉的地方烤一烤。我记得很清楚，那天晚上很对不住斯顿。他感冒了，风雪天走了 40 公里，比其他人更疲惫、饥饿。我们住进了一家客栈，里面客人满满的，只有一间有炕的房间了，但那铺炕不能烧，光秃秃的炕上只有一张破席子，连点铺草都没有，没办法，只有将就过夜了。

第二天，我们要乘火车去济南。在车站，我们见到了任其斐的孩子们和护送他们的人，他们是头一天就到这里的，这样我们就没机会和他们一起走了。第一天乘坐火车只行至潍县，我们不得不在那里找了一家客栈住下。这家客栈在我们进驻之前就已经住了很多人，我们来了之后被安排到了有大炕的一间屋子，屋内的炕既高且大，占了半间屋子，南向有个大窗户。我们要了一份鸡蛋汤和一些馒头做晚餐，由于太饿了，吃完后又要了一份。这份鸡蛋汤使我们想起了慈禧太后1900年闹义和团时从北京出逃西安途中一家客栈的老妇人为她准备的面条。[13]喝过那天晚上的鸡蛋汤之后，我们以后再也没喝过那么好喝的汤，这充分证明了天下最好的调味品是饥饿那句话。

第二天早晨，我找客栈主人结了帐，没吃早饭就带着行李急急忙忙奔向车站。赶到那里一看，买票的人已经排了好长的队，我们赶紧挤进去买了车票，不能错过这一趟火车。我们等车的时候，所有车厢都已经挤得满满的，不得不又一次费尽力气往里挤找座位。这时候日本军队接管了铁路。车厢里杂乱无章，空气龌龊，整个气氛非常恐怖。地上到处是鸡蛋皮、水果核、鸡骨头、鱼刺、花生皮、地瓜皮、废纸，等等。因为是冬季，车厢门和窗户都关得严严实实。在火车上呆了好几个小时，才到了济南西站。在济南，我们谁也不认识，只好在西郊一条狭窄的街道上找了家新建的中国旅馆，在那里住了两个晚上，吃了两天中餐。

直到第三天，我们才买到了去天津的车票，不过这次倒是令人很满意，我们乘坐的车厢是节货车车厢，两边有滑动的大窗户。那天西北风很大，车厢透风撒气，让风吹了一天。不过，我们可以站着，也可以躺在我们自己或别人的行李上，挺自由的。这辆“德鲁克斯”（de lux）火车没有座位。斯威亚患了重感冒，我们其他人还好。

在济南的时候，我们住的那家旅馆推荐了天津一家旅馆，所以到天津时只好在西站下车，这个时候天已经黑了，幸亏两位人力车夫把我们送到了那家旅店，住进了一个没有窗户的房间。因为下了一场大雪，雪后天又特别冷，所以我们在那个旅店呆了好几天，十分沮丧乏味。有句中国谚语说得好：“雪后寒，雨后暖。”在这家旅馆，我们也是吃中餐，并按中国的习俗喝茶。由于这家旅店的茶叶味道不好，我们拿出了自己的茶叶，可是我们每次放到茶壶里的茶

13 关于义和团运动时期慈禧出逃西安途中的最好吃最难忘的一餐饭，民间有很多说法，见于史籍记载的则是吴永在《庚子西狩丛谈》中记述的绿豆小米粥——中译者注。

叶，常常是他们给灌上水之后就变成了他们的茶叶，孩子们于是给这个旅店起了个名字，叫“换茶叶店”。

尽管我们在房间里烧了煤，但就如我前面说的，天一直很冷，我们都冻得够呛，可这还不是最糟糕的。斯威亚感冒了几天后嗓子痛，在床上躺了两天。这期间，我把她的手帕洗了在煤火上烤干。晚上，斯格伯特也病了，黑夜中坐起来呕吐，都吐在了我们的被褥上。那天晚上的情形至今不敢描述。过了两天，我要求换一间临街向阳有窗户的好一点的房间，但未能如愿。那间屋子晚上冷得可怕，没办法，最后我们搬到了东郊，在那里等待去烟台的轮船。

带着三个孩子,我开始到外面去调查这个陌生的城市。在街上,我遇见了这里基督教男青年会(Y.M.C.A)负责人,问他能不能带我们到他们会里住下。这本来是毫无问题的,可我们有女孩子,基督教男青年会是不接纳女孩子的。他和蔼地表示遗憾，说:“我非常同情你们的处境。”不过，幸运的是我们遇到了著名奋兴运动倡导者古约翰（John Goforth）的儿子，他建议我们说在天津欧人区肯定能找到一家非常好的中国旅馆住下，那样的旅店通常是中国的官员住的地方。根据他的建议，我们找到了一家这样的中国旅店，与旅店的经理签订了协议，第二天就搬过去了。现在，我们可以把在西郊的痛苦经历抛在脑后了。我们的经历简直就像是马克吐温所说的典型的“傻子出国”(Innocents aboard)，在陌生的土地上，我们的确是很傻。

在“官员们住的旅店”里，我们租住了一个靠院子的房间。屋子里并没有多么明亮的阳光，但很温暖，非常舒适。屋门外和窗户外有回廊，沿着回廊可以轻松地走到院子里，院子的上面是很大的玻璃天窗，地面铺有马赛克，我们一天三餐就在这个小院子里吃。旅店的经理要求我们按照这里的规矩，每五天结一次账。为什么恰好是五天？这是为了预防房客突然离开，每五天结一次账，旅店最大的损失也不会超过五天房费。中国人总是很聪明的，意识到在这个年头有许多骗子。

有一天，苏德布鲁姆（C.G. Söderblom）教士带着孩子从张家口（Kalgan）到了天津，他也是要送孩子们到烟台上学的。苏德布鲁姆弟兄是 1893 年到中国的。一天夜里，他突然得了胃病，要我过去帮忙。在天津呆了两个星期，我们成了很好的朋友。

后来又来了一位传教士，但我记不得他的名字了。他是中国内地会山西布道站的，带着一个儿子和一个女儿，和我们的孩子一样，要去烟台中国内地会学校上学。这位传教士是个有非常奉献精神的人，就住我们隔壁。有一天，他去城里安排我们看了一场“单纯的电影”——孩子们看了不会受到伤害。他还充当我们与中国内地会的代表克拉克（S.R. Clark）先生的联系人，一个人在天寒地冻的大沽港口那儿站着等消息，克拉克先生随时通知我们有关孩子们何时能坐上轮船去烟台的情报。传来的消息有时候说是一两天就有船去烟台，随后又说是需要等五天，或者十六天。总之，情报不断变换，我们是一会儿乐观，一会儿又悲观起来，时间就这样一天天过去了。终于有一天，我们带着孩子们乘火车到了港口，踏上了一条通向船上的长长的木板，这条木板海水低潮时向一端倾斜没入水里，但高潮时就会从结了冰的水里升起来。后来通过孩子们的来信我们了解到，他们乘船顺利抵达了烟台，途中没遇到什么危险。要知道，这次乘船去烟台，是1月底2月初。在北方水域，这个时间一般是没有海上交通的。

绕道赴京

在天津等待轮船期间，我绕道去了一趟中国的首都北京，想至少去看一眼这座著名城市。要仔细观赏这座城市的里里外外，至少需要一个月的时间，我当然做不到。不过，我想看一眼北京什么样总比没来过要好，眼下我离得这么近，用不了我多少时间，也花不了多少钱。如果这时不去看看的话，或许我这一生再也没有机会离北京这么近了。

我同孩子们与苏德布鲁姆约定好了，请苏德布鲁姆弟兄照看他们一天。第二天，我就登上了早晨去北京的火车。一路上地势平坦，火车一站站地向北京进发。很快，火车从城西南开口处驶过，在前门（Chien Mun）也就是正阳门（the Gate of the Turning Sun）附近停了下来。从火车上下来，稍微往回走了一点就进了城，来到叫作使馆区的西边。我在这一地区从西头走到东头，大街两边是外国使馆，个个使馆都建有高高的大门，大门里面的建筑像宫殿一样。在使馆区的东部，我转向北，走进了这座城市。在我转身的时候，见到了墙上那块涂有“永志不忘”字样的著名石头。[14]

我叫了一辆人力车，拉着我去“紫禁城”即皇宫的东大门。这里不收门票，很快我就来到了护栏和大理石台阶之下，这些台阶一直通向朝廷皇帝宝座。宫

14 永志不忘字样原文为英文“Lest we forget”，蓝色油漆涂写在英国公使馆墙壁一块石头上，其周围有很多义和团时期留下的弹痕。这几个字是当时外人为牢记义和团与清军攻打使馆区一事而留下的，表明他们对这一事件的态度和重视程度——中译者注。

殿前矗立着高大的青铜鹤，象征长寿，据说鹤能活数百年。两旁列有大香炉，也是青铜制的。进入有皇帝宝座的大殿，见到了没有覆盖的上了红漆的龙椅，从大殿地面到龙椅之间有九级台阶衔接。早年的装饰凤凰和龙都搬走了，因为我去的时候是民国四年了。这时，我想起布道师于涤林（Uh Ti Lin）经常把这里金黄色和蓝色的屋顶与天堂荣耀相比拟。留心看了看大殿里的天棚，而后花了一角五分钱，进了一座临时战争博物馆，展品没什么印象了。接着我进了皇宫，一直走到一道门里，那里有装饰着龙和绿竹的漂亮屏幕，著名的慈禧太后过去就在这里接受文武官员的觐见。觐见的官员们这个时候都要在屏幕外双膝跪地，永远见不到太后的面容。再往前走，就是“禁止入内”的标示牌了。

从皇宫出来，先向西，转而向南，走了很长一段路来到了正阳门，走出正阳门就到了南郊了。这时我觉得饿了，于是就找了家中国饭店吃了点东西。那家饭店的墙上有幅大画，上面画有五匹蒙古马，姿态各异，其他就没什么记得住的事物了。当时我想要是能买下这张画就好了，尽管它被烟熏得很脏，也有点破烂了。

吃过饭之后，我沿着南郊的大街继续前行，来到了天坛这个地方，随意看了看，就穿过了公园。环绕天坛的一些大建筑物，过去是皇帝们在祭天之前休息、斋戒沐浴的场所，这些建筑物边上的大理石护栏内[15]，有许多大香炉。我记得天坛里面有一些大柱子[16]，这些大柱子支撑着一个巨大的屋顶，屋顶上有洞可透进阳光。出了天坛，来到了大街西部的先农坛。旧时皇帝每年二月初二来这里祭祀先农[17]、躬亲耕作，为民表率，标志农耕季节的到来。

这时已经是大半下午了，我还要赶紧去看一下这个城市著名的一个地方——六里沟[18]。从各方面来看，这真是个名副其实的浮华市场。天下凡能想到

15 原文如此（marble balustrade），实应为汉白玉护栏——中译者注。

16 作者这里所说的应该是天坛建筑群中的主体建筑祈年殿——中译者注。

17 作者这里的说法有误，皇帝到先农坛祭祀的时间为农历“仲春亥日”中之“吉亥”日，每十二天有一个亥日，是不是“吉”日须问卜得知，所以不一定就是二月初二——中译者注。

18 此处疑有误，原文为：“Lio Li Kou”, the six-li valley (2 li equal 1 kilometer)，从行文上看，有作者对“Lio Li Kou”的进一步阐释，后面还有小括弧标明两华里等于一公里，译为“六里沟”应该不错，但没听说旧时北京有个很著名的地方叫“六里沟”。从下文作者的记述看，倒很像是北京“琉璃厂”地方，可作者对“六里沟”的阐释很清楚，说的是“沟”——valley，离什么地方六里路远。诚望知情者补正——中译者注。

的东西，在这里都有买卖，从破布烂衣到皇帝皇后丢弃的龙袍、凤袍，应有尽有。我见到有很多书箱子，但囊中羞涩，只能买一幅北京地图和一本道教圣书——道德经的抄本，结果这个抄本是赝品。

这时我看了下手表，到赶火车回天津的时间了，我的孩子们还在那里盼着我回去呢。这一天，他们一直呆在旅店里，由我的朋友照看着。他们见我回来了，都特别高兴，尤其是斯威亚，紧紧抱住了我。

在天津看到的一些事情,忍不住要在这里叙说一下。这座城市有英国、法国、德国、俄罗斯、奥地利和日本等国的租界。在德国租界前面，原本有一尊塑像，让英国人毁掉了。每个国家的租界内，都有领事馆、法庭、警察局、监狱、军营、医院等机构设施。有一天，我见到了法国公墓，那里埋葬着 1879 年天主教殉教者[19]，墓前竖立着纪念石碑。另一天，我参观了万国公墓，那里有一长串士兵坟墓，他们是 1900 年义和团运动期间死难的。这些士兵的坟墓维护得很好，墓地里有一座大门，里面竖立着一个褪了色的木质十字架，上面嵌刻着“佚名英国水兵”。这个简单的十字架，给我留下了深刻印象。

乘电车穿过这座城市的时候，我看到被通缉的两名土匪的照片，这些照片是中国警察张贴的。在天津华人居住区散步的时候，我遇见了一队中国巡逻兵和警察，他们押着罪犯前往刑场。这个死刑犯面无血色，后背插着死刑犯的标牌。在中国，每天或许有数百名或数千名罪犯被执行死刑。

有一天，我在天津遇到了一位基督徒，他在一条长街上摆了个小摊子，我在他那里买了一本用北京方言编译的《天路历程》。回来的路上看了一下，这是一本很严肃的书，不像其他书一样仅仅用来消遣娱乐。

买了去济南府的火车票后，我离开了天津。在济南的德华银行（German-Asia Bank），获悉瑞典寄来了我们差会的经费，其中有我的二百银元。我兑现了这些钱之后，藏到了行李里。买了张到青岛的火车票，我在那里有一些重要的事情要做。途经高密的时候，把行李连同那二百银元交给了一个我熟悉的人力车夫，请他把行李送到南郊的一个小客栈。从青岛回来后，我发现我的衣服、行李和藏于其中的钱，完整如初。这段时间那些盗窃犯看来没出来工作。

这次送孩子们去烟台学校上学，花了三周时间，经历很复杂，我决定把这次旅行称为“远征天津”。

---

19 这里的时间疑为印刷错误，实际上作者说的法国公墓，似应为 1870 年天津教案死者的墓地——中译者注。

第七章　高密见闻与经历

高密县城东向至青岛，乘火车 100 公里。这个县不是很大，有大大小小村庄 1016 个。县城人口 35000，全县人口 475000。自古以来，这里几乎没有可靠的人口统计。

县城里有许多庙宇、兵营、行政机构。现在城里道路四通八达，时局动荡，县城的地理位置优越，城里人主要靠做生意谋生。有人说城里居民虽然贫穷，但勤劳、和善、温厚。

文道慎在第一次到山东为瑞典浸信会寻找宣教地的时候，曾经来过高密。我到胶县的第二年（1894 年），第一次到高密，记得那是二月份。我骑了一头小毛驴，行李放在驴背上当坐垫。出了胶县 5 公里的样子，遇到了一条小河，河上有桥。桥是用四块石板铺成的，两块石板与另两块首尾迭起衔接，越过了这条冬季狭窄的水流。这些石板有倾斜度，那头以“聪明”闻名数年的毛驴，一条后腿卡在了石板缝隙里，一下子跪倒了。我掉水里去了，腿湿了半截，于是剩下的旅程只好不再骑驴了，以免把脚冻了。我就这样狼狈不堪地进了城，在南郊找了一家小客栈住下。同客栈主人寒暄了几句，吃过饭休息了一会儿，就出门欣赏一下这座县城了。

有一天下午，阳光明媚，我来到了县城南大门，放眼向东望去，看到了一个病倒了的乞丐，赤身裸体躺在那里。在中国，这样的乞丐成千累万，难以计数。有个年轻人，看上去很像是流浪汉的儿子，羞愧地看了一眼这个病人后急匆匆地走了，之后，再也没有人来看他了。刚才这个年轻人，很可能就是这个生病乞丐的儿子，这令我想起了一句谚语：“苹果不会掉在树下很远的地方。”这个儿子很可能是在“我割掉你的耳朵”这样的经常性的威胁中长大的，当然，从来也没有割掉自己孩子耳朵这种事情发生。在这个国家，成千上万的母亲们每天都在重复着类似的谎言，结果是培养了不听话的孩子。晏玛太（Yates）博士曾对我说："我在上海呆了四十年，但从未见过一个听话顺服的孩子。"我曾经问过我们教会的一名妇女在她信奉基督之前，是不是也用类似的话威胁过她的孩子们，她说："威胁过，牧师，不知说过多少次。"

我从城里回来的时候，那个乞丐还躺在那里，几条狗在他周围嗅来嗅去。第二天早晨，小客栈一开门，我们就看到两名老大夫模样的人抬走了那具乞丐尸体。尸体用草席包裹了，但有一条腿拖拉在地上。他会被埋在公墓吗？当然不会，他埋在了城南葬死刑犯的地方。

这时我们听到了阵阵锣鼓号角声。原来，高密有个旧习俗，农历正月十五这天，要敲锣打鼓抬着财神像走街串巷。每个家庭都在门外焚香致意，据说这是为了保证他们在新的一年财运亨通，生意兴隆。

中国有两位保护神，一位文职，一位武职。文职神在人世时的名字叫比干（Pikan），有个君主为了看看他的心脏是不是有九个孔而杀了他[1]。武职神叫关公，他是"三国"时代的人，是位伟大的勇士，最终被杀头。这两位神是中国皇帝封的，并未与罗马教皇商量，罗马教皇承认两位在中国民间的圣人地位，但不认为他们是神。

高密县城外的集市（也是传教士们外出集中布道的场所）

1 原文如此，与史籍及小说说法不一。史籍和小说及民间传说谓商纣王杀比干掏心，要看看他的心是不是有"七窍"，不是作者这里所说的九个——中译者注。

正月十五这天是个赶集的日子，乡村的人从四面八方到城里来赶集。我在城东门外河边上搭了个讲坛，不久就聚集了一大群人，都想看看我这个外国人，听听外国人怎么说话，说些什么。这一次我选择宣讲“上帝的和平”，所有人都专心听讲，大约讲了一个小时，而后我开始出售书籍。

稍后在东门外桥上碰到一个人，我卖给他一本《路加福音》(the Gospel of Luke)。这个人后来皈依了基督，成为一名长老会信徒，并成了离县城 25 公里远的他家乡新基督徒的领导人。他没加入过我们教会。

我在东郊认识了一个怪人，姓翟（Sej)。他知道很多旧时代的传教士，以前来过县城。有一天，他向我介绍了一个男孩，告诉我这个孩子叫施洗约翰（John the Baptist)，也就是说他是一对老年夫妇的孩子。事实上，他的母亲并不是以利沙伯（Elisabeth)。邻居告诉我说，姓翟的这个人就像亚伯拉罕（Abraham）一样，有个使女夏甲（Hagar)。在中国，多妻制现象很普遍，孔教鼓励多妻制，目的是为了繁衍后代。有的教会成员被驱逐出教会，就是因为他们私下犯了多妻罪恶，有多个妻子在中国是很正常的事。

1914 年，我们在高密县城中心位置找到了一处房子，供安道慎（Elis Almborg）教士一家居住，那里还有一间房子，用作公众服务之所和宣讲上帝福音之用。安道慎在 1917 年 1 月 15 日差会邮报（The Mission Post，瑞典一家差会报纸）记述说：

> 我和妻子到中国来已经十个月了，一个月圆的美丽夜晚，我到了高密，是时候让《差会邮报》的读者了解一下这个地方了…1914 年 7 月，我们差会在高密县城中心地方租到了一处房子。自那时以来，我们在这里就开展了有规律的公众聚会，中国本地布道师和来访问的传教士都在这里布道。圣诞节和中国新年期间很多人参加我们的聚会，我们觉得这是我们有计划开展工作的结果，我们非常高兴来这里工作。

由于安道慎夫人的健康原因，他们回瑞典了，致使在高密建立布道站的事情拖到了 1931 年。这一年，李安德夫妇和傅淑真（Nina Fredriksson）来了。

这里我必须解释一下我们如何能够在高密有一处新房屋的问题。青岛的德国同善会（Weimar Mission）早年在西郊有一处地产，那是高密的一个有钱的妇人为了感谢他们的医生治好了她的白内障眼睛而捐献给他们的。由年轻的布洛姆哈德（B. Blomhardt）牧师负责，在这处地产上建造了房屋，开办了一家诊所。第一次世界大战后，李安德 600 银元买下了德国同善会的这份资产，但作为战争的结果是德国人的资产被没收了。山东督军命令高密县长制止这笔交易，将德国人的这份资产收归国有。高密县政府的人对李安德很客气地做了解释，在高密县城和铁路之间划给了李安德一块比原来大一点而且更适宜的地块。这是上帝指引的结果，他有远见，我们目光短浅，看不到这一步。1921 年，在这块意外收获的地产上建起了第一批必要的建筑，是年 7 月，决定为高密布道站专用房屋。

下面是高密布道站的传教士名单：

> 李桂林和李安德（Anna and A. Leander）、任佩兰和任为霖（Hellen and Oscar Rinell）、唐爱礼和唐义礼（Tora and Eric Thoong）、安德森（Hulda Andersson）苏玉德和苏德林（Edit and Thure Skoglund）、令玉兰和令阜顺（Alice and Sten Lindberg）、杨荣道（Martin Jansson）、安来拯（Susanna Andersson）、傅淑真（Nina Fredriksson）

1946 年 4 月，唐义礼教士奉差送一位美国传教士去潍县，走到半路，被共产党军队的士兵拦下了，随即又让他们过去了，但第二天上午，遇到了一伙政府军，有一名士兵开枪打中了唐义礼的右肺。他被送到潍县救治，5 月 12 日突然不治身亡。5 月 17 日，在青岛庄严安葬。他是瑞华浸信会在中国第一位殉道者，山东第六位殉道传教士。

瑞华浸信会高密布道站驻地

作为医生，李安德夫妇乐善好施，很快在人们中间赢得了极大信誉。前来看病的人太多了，必须雇用一名中国助手，不断地从（瑞典）厄斯特松德（Östersund）购进绷带。他们一年治疗 3000 多名病人，有男有女。中国人特别相信药物，世界著名的革命者孙逸仙 1935 年 3 月 12 日在北京去世时[2]，腹部就缠绕着大绷带。他死于肝癌。俗话说：“挖药的有两只眼，配药的一只眼，大夫是瞎子。”耶稣派出他的十二个门徒的时候，告诉他们要“治愈各样的病症”[3]，但并没给他们治病的药方。耶稣的方法与我们人类的方法很不一样。

李安德弟兄是在我们早期宣教工作中发现需要培育中国布道师的人之一，因此他 1920 年就在高密开办了一所圣经学校，这所学校连续开办了约 20 年，每年春秋两季各开两个月的课。李安德非常专注于这所学校，一直担任学校负责人。进这所学校学习的学员 25 至 45 岁不等，边学习边布道，就是星期天到农村去布道。有些中国教师也和我们这些传教士一样，一块出去布道。学校开设的课程有：圣经历史、圣经地理、解经、教会史、泛读。

瑞华浸信会高密圣经学院师生

2 原文如此，误。孙中山是 1925 年 3 月 12 日去世的——中译者注。

3 作者这里引用的并不是圣经的原文，用词也不一样。圣经原文详见《马太福音》第十章第一节——中译者注。

我在这所学校教了一年半，专门讲授耶稣生平，因为耶稣生平贯穿各福音书中，是约翰福音的纲要。我们试图探索“女人的后裔”和“童贞女生子”的含义。我们学习耶稣来自圣灵感孕，这解释了为什么他没有罪。“你们中间谁能指正我有罪呢？”人类是不可以问这样的问题的。充满罪恶的世界需要耶稣这样的救赎者牺牲，用自己的死救赎世人。讲解耶稣所用的比喻，要大家把这些运用到现实的生活中去。

随着时间的推移，逐渐形成了一个学校合并的计划，这就是把高密的圣经学校与任桂香（Hedvig Rinel）夫人多年开办的女布道员学校合并。这样一来，教学会更正规更有效一些。随后，在胶县建了一所足够供合并两所学校用的校舍，就把两所学校合并到一起了。这样就有了一所常年开办的正规学校。合并之初，学校学制两年，但不久就延长至三年。任汝霖（E.G. Rinell）担任这所学校的校长，男女学员均在校学习三年。

对高密布道站来说，1921 年是非同寻常的一年。这一年，布道站有了第一处房产。4 月 9 日，成立了教会，我有幸担任了主席一职。首批教会成员 249 名，都是从胶县过来的。李安德被选为第一任领导人，担任高密教会和布道站的主任。教会秘书和司库，匿名选举产生。

1921-1922 年间，瑞典浸信会国外差会总部秘书鲁丁（C.G. Lundin）从瑞典到中国来视察，对高密布道站产生了很大影响。我们至今还记得鲁丁在挤满人的大布道棚里精神抖擞、强有力的布道情景，稍后，这次布道演讲发表在《瑞典浸信会周刊》（Vecko-Posten）上。他来的那年，瑞华浸信会在高密召开大会，他参加了这次会议，对会议上所有讨论的问题，都抱有极大兴趣。对于瑞典传教士和中国同工们的工作任务和面临的问题，表示深切的理解。

在诸城布道站员工中，与李安德夫妇同时来布道站的傅淑珍小姐，在这里服务了 24 年，她最大的贡献是开办学校方面的工作。诸城布道站各类学校规模都不大，但一直都办得很好。学校风纪和基督教管理体制受到人们的交口赞誉。我每次去学校访问，那里的女学生看上去都十分乖巧礼貌，有许多学生都信奉了基督，受洗加入了教会。办学的工作并不是一件容易的事情，聘用的教师事先很难预期他们的工作能力，有时候聘用来之后，很快就表明是不适合做教师的。

有时候学校找不到适合的男带头人，她就承担了本来应该由男人承担的工作。在抗日战争时期，日本人有时干涉我们差会的工作，她总是能够妥善地处理各种问题。在主日学校和妇女工作中，她一直是个难得的负责人。不仅如此，在学校工作之外，她还积极参加慈善活动，例如，有个女布道员患有重病，她便与安来拯一起，竭尽所能长期照料。

李安德教士致力于奋兴运动工作，他经常在旧教堂安排一些专门的活动，邀请那些他所了解的最好的演讲人前来演讲。例如，他曾请来了北京的王明道（Wang Ming tao）、胶县的丁立贵（Ting Li kieh）、烟台的陈绥定（Chen Swei ting），传教士凯利（Kelly）和孟玛丽（Marie Monsen）小姐。城里和各乡村布道点前来听讲的人，有些真正觉醒了，逐渐有上百人领洗。在开辟新宣教地的工作中，帐篷布道起了很大作用。

1936 年，在高密布道站历史上是个重要的年份。这一年，在苏德林的领导下，建起了一座新教堂。新教堂于 9 月 29 日举行落成典礼，我有幸为这次典礼讲道，宣讲的主题是“归耶和华为圣”（《出埃及记》第三十九章三十节）。

瑞华浸信会高密布道站教堂

与新教堂落成的同时，瑞华浸信会议会在诸城召开。大会期间，我们开展了庆贺瑞典浸信会来华百周年活动，准备了一个关于瑞典浸信差会的演讲，从1836年夏克（J.L. Shuck）抵达中国时开始直至现今这个时候，这个演讲在大批听众中引起了极大的兴趣，这很正常，因为没什么比差会的历史更能引起人们的关注、令人更长见识了。差会的历史比小说更具传奇色彩。10月，我们在阚屯（Kanton）举行庆祝大会，这里是夏克1936[4]年初来中国时第一次工作的地方。

由于日本人20年前入侵中国[5]，时局越来越不稳定，一些殷实人家跑到布道站寻求保护。作为一种答谢，其实也是一种间接保护，他们把在农村的房屋借给传教士们做布道点用。因此在高密地界，很多布道点的房屋是不用支付费用的。于是，这些用作布道点的房屋以及到布道站的避难者们，不知不觉中就与宣教工作和福音感化联系在一起了。

大约七年前，山东西部黄河水患，山东省主席韩复榘将成千上万的灾民转移到一些生存条件较好的地区。圣经学校秋季班的许多布道师曾给这些灾民布道，这些灾民可说是山东农村最贫穷人的代表，我们发现他们当中没有基督徒。

对我们在诸城的传教士来说，高密自1921年辟为宣教区以来一直是个中转站。由于我们同工的热情款待，我们总是感到很舒适，很轻松，没有什么生活和工作上的压力。非常感激他们。他们总是热情招待我们，但我却不是判断他们是不是把客人当成了天使的合适人选。

1934年，在高密为圣经学校秋季班讲课期间，我不自觉地走进了那里孔庙的大院。在那里，我见到了一座石碑，九英尺高，三英尺宽，一英尺厚，碑上有700年前隽刻的文字，已经几乎无法辩认了。这座石碑是在闻名世界的忽必烈王朝公元十一世纪横行欧亚大陆，一直挺进维也纳（Wienna）期间，为纪念孔子而竖立的。大约就在这个时候，第一批天主教传教士孟高维诺（Monte Covino）、利玛窦（Ricci）以及其他一些人来到了中国。[6]景教（Nestorian mission）

4 原文如此，疑为笔误，应为1836年——中译者注。

5 从1936年算起，“20年前”应为1916年，时山东境内讨袁护国战争有日本势力介入，但这里似乎不是指此，因为第一次世界大战结束后，中国“赎回”了青岛。作者这里说的“20年”应是个约数，应是指1928年日军入侵济南，随后逐步展开全面侵华计划——中译者注。

6 可能是追述太久远的历史，作者这里的记述过于笼统含混。孟高维诺是天主教来那时已经在这里(中国)绝迹了。当第一位新教传教士马礼逊(Robert Morrison)在广州登陆来到中国时,我看到的这座纪念孔子的石碑,放在龟背上几乎已有600 年之久了。随后,有数以千计的新教传教士来到了中国。当新来差会历经暴风骤雨、汹涌海浪冲击期间,这座石碑依旧屹立在那里。在文道慎第一次也是唯一一次来到高密,考虑为瑞典浸信会在这里开辟布道站的前景时,这座石碑还竖在那里。现在,那座石碑依然矗立在那里无声地见证着差会工作仍在继续。今天面临的挑战不再是从土耳其穆斯林那里拯救基督坟墓,而是要把成千上万的中国人从永久诅咒中拯救出来。现在,是我们在以马内利王(King Immanuel)旗帜之下为神的教会动员一切资源长期坚定不移地奋斗,高唱战歌争取胜利的时候了。

瑞华浸信会高密布道站中外职员

华传教的先驱之一,利玛窦是天主教在中国传播的著名开拓者,但二人却不能说是到中国来的"第一批天主教传教士",他们来华时间相隔近 300 年。查孟高维诺元朝时来华,时为 1294 年,到过元朝大都(北京),受到元朝皇帝铁穆耳接见。随后,一些传教士陆续来华,天主教在元朝一些大城市上层社会中迅速传播,但随着元朝的灭亡,又迅疾走向衰落,因为明王朝建立后,采取敌视天主教的政策,致其先前的布道成果几近丧失殆尽。直到晚明时期(1583 年)利玛窦来华,始受到士大夫阶层欢迎,天主教在华传播史进入一个新时期。

第八章　日照见闻与经历

日照（Jihchao）意为“日出初光先照”之地，是一个县和县城的名称，位于诸城南约 80 公里，群山环绕，东临黄海。据说日照县有 1050 个村庄，人口 512400。濒海沿岸有七个港口，沿海遍布渔村和盐场。这里气候有益于健康，但春季 4-5 月份多雾潮湿。

据说，日照人贫穷但很勤劳聪慧、渴望学习、自觉、恋家。这里的土地不肥沃，但这里的人民声称他们不怕饥荒，因为一方面他们极为节约，另一方面可利用海港活跃的航运从华中进口粮食。据称日照有八大奇观，其中之一是有一块大岩石从中间裂成两半，低潮时，人们就会看到石头上下跳动好像斗鸡一样。如果你喜欢的话就当是真的吧。

我们 1904 年 5 月 5 日到诸城时，胶县刘芳桂（Leo Fang kwei）先生是诸城的第一个邮差。同年底，他奉命在日照在建一个邮局。翌年 2 月，布道师范恩（Fann）被派去与他一起组建基督教团体。

这一年的 4 月，我去拜访日照邮政局长，参观那里的集市。路似乎很远，但一路上有的地方风景很美。走了大约 20 公里之后，进入了山区，看上去这里已经是山顶了，周围的山峰都没有脚下的高。山上到处是山岩和大石头，绿色灌木点缀其间，不时可见一些金黄色的野花，中国名字称之为“迎春”（Jong Tsun）。日照每个村庄都有小溪或河流，这在中国北方是不常见的。

这里的泥土通常是灰色的。一片片小树林中，斑鸠在追逐嬉戏，天空中云雀翱翔，高唱春天里的歌。来到日照各处山峰南面，竹林茂密，到处可见水牛游荡，这些水牛是用来耕作水稻田的。

第二天上午，我骑马来到了一个叫两乡（Lianghsien）的村庄，找到村子里唯一一家小客栈，喂了马让它歇着，我进了客房，要吃点东西，休息一下。不一会儿，客栈的主人过来招呼客人，我们聊了一会儿。

这位中国人很有礼貌，按规矩要安排好一切。他先是问我是哪国人，接着又问我的姓名、年龄、有几个儿子，来这里做什么生意，等等。

回答了他的问题之后，按照礼仪规矩，该我问他了。我先问他高姓大名、贵庚几何，他说他姓刘。

“那店主有几个儿子啊？”“六个”，他回答说。“恭喜，恭喜，幸福的一大家子啊！”

他有点沮丧地说：“那里有幸福一大家子啊，没养出一个象样的孩子。”

“怎么会呢？”我问道。

他回答说：“三个儿子几年前去了蒙古，杳无音信。一个在本地大街上摆摊剃头,一个是个赌徒,最小的老六笨手笨脚地帮我在店里忙活。”

“店主人您老抽了多少年大烟了？”

“三十多年了。”

“您儿子知道？”

“当然知道。”

“俗话说得好啊：上行下效；有其母必有其女，有其父必有其子。”

“是啊，都是因为我自己造孽啊，太晚了，没法子了。”

这家客栈主人的情况可以作为在非基督教家庭环境下的子女，难以培养好的例子。他的家在他手里毁了，墙壁裂了大缝，门窗东倒西歪。屋里的泥地上有大老鼠洞，桌子掉了两条腿，只能倚靠着墙壁放着，椅子乱七八糟就没法形容了。

付了房费，饮了马，搭上了鞍子，告别了客栈主人，我就踏上了去日照县城余下 25 公里的旅程。到了县城，我找了一家私人旅店住下来，店主人是这个城里唯一一位天主教徒。他每天白天过来赌博、抽鸦片，但他家里的老少女人待人很好，对我很照顾，那时我是他们这里唯一的客人。邮政局长邀请我到他家里吃饭，星期天，我们一起灵修，唱《更近吾主》，朗读《约翰福音》第十四章关于父、子与相信他的人的合一的经文，一起祷告，感觉像漆黑的夜晚在一片荒漠中敬拜神，但神和圣灵与我们同在，抚慰我们，更新我们。

我到县城不久，就下雨了，在“日照之城”整整三天没见到太阳。每天有很多人到旅店来访问，他们是来买书的。在雨停了之后，几个小时我就买了 200

多本福音书。福音书售尽了，我就带着来买书的人到了一处大石堤旁，把石堤作讲坛，给这些人宣讲“大幸福”，这种大幸福来自天上，通过信耶稣基督而得到。尔后，这些人就购买《新约全书》，听讲十字架之道，行为开始中规守矩起来。如果神给我机会。我会再回来。那一刻，我毅然作出了这样的决定。

后来一些年间，我们不断到这里来,特别是春秋两季,露天讲道，散发书籍。我们还去了一些日照的港口、一些渔村和涛雒（Taoloa）镇，挨门逐户出售文学作品。有一天，我带了 800 份圣经小册子，在林前（Linghsien）,有很多人购买，大部分人买的都是福音书。不识字的姑娘们怎么买这些书呢？噢，经过调查，我了解到她们买回这些书籍是为了放她们做衣服用的衣服样子的。她们不知道，这样用这些书是极大的犯罪。我发现这个问题之后，就不再卖给不能读书的人了。在一处政府监狱周围出售书籍时，那里有很多人指责基督徒，我就问他们监狱里有多少人是基督徒，他们说“没有”。有个人说：“整个县到处都有你们的书了。”钱伯斯（Chambers）博士的箴言是：“在全中国散发基督教文学。”这些印刷出来的神的话语具有强大力量，一定能够攻破不信仰人群的堡垒。

清末到民国年间瑞华浸信会传教士交通工具的变化

前面我曾说过日照人的一些优良特性，他们的一些不怎么令人赞赏的特性也值得一提。比如说，这个县有许多职业乞丐、赌棍、讼师以及小偷。有一次，我听人说过一个盲人大盗，很多年没有受到法律制裁。有两家小客站，十七年间我在那里住过很多次，这两家小客站里大部分房间都住着那些讼师。有一次，我看到一名警察从法庭上出来，胳膊与一位判定有罪的犯人绑在一起，连续好几天。这种情形，再现了彼得和保罗（Peter and Paul）在耶路撒冷、该撒利亚和罗马为耶稣的名被锁链锁着遭受迫害的情景。

日照人有缺点，也有许多优点。他们就像雅典人一样，正在寻求崇拜神。全县所有的村庄都有大大小小的庙宇。在“农神”（Farm god）庙门两边，我见到至少有 27 座香炉，那里的小香炉几乎都常年有人进香。但是，人们虽然上香，但嘴或心里却都不祷告。这种哑巴似的崇拜者对着哑巴“神”礼拜，能有什么好结果呢?

在中国，忠贞寡居的妇女特别受人们敬重，他们在路边为忠贞寡妇树立大大小小的石碑。这里抄录的一小段碑文，颇有代表性：“忠贞一生，赤诚无瑕，忍孀居之痛苦，以衷心抚孤为荣。”数年间，我收集了 100 条类似的碑文。

有的碑文记述了特别忠贞的案例。据说有一对男女自幼定了娃娃亲，新郎未成年去世了，未来的新娘即不再嫁人，一生守贞孀居。官方知道了这件事情，为死去的新郎和他还活着的新娘安排了一场婚礼，她这时 50 岁。在中国，死了的人可以与活着的人结婚。

中国人把婚姻看作是男女双方今生和来世都绑定在一起。忠贞是对女方的要求，男方任何时候都可以再娶，也可有几个小妾，就像杨百翰（Brigham Young）一样。杨百翰有 34 个妻子。[1]在日照城西大门外有一座纪念妇女的庙宇，七百多名妇女名列其中。鲁丁（C.G. Lundin）来中国视察瑞典浸信会工作途径日照时（1921 年），我带他去看过那座著名的庙宇。

时间长了，我赢得了日照高中教师和学生们的同情，他们经常能够到小客栈来看我，询问很多问题，买我所带来的各种书籍。他们也听我见证圣经，宣讲通过信上帝独生子耶稣基督得与上帝和好得救赎的道理。

1915 年 5 月，我和妻子到日照访问了四个星期，住在南郊一家昏暗肮脏

1 杨百翰（1801-1877 年），美国基督教异端教派耶稣基督末世圣徒教会（即摩门教）第二任会长。早期摩门教实行一夫多妻制（现已经废止）。另说杨百翰有 50 多位妻子。

的小客栈里，有一天，从乡村来了一位上了年纪的男人，问我们到这里干什么来了，当他听说我们是新教传教士，一下子举起手，攥紧了拳头，兴奋地高声喊道：“赞美上帝！我等了你们八年了！”原来他村子里有些妇女先前到客栈拜访过我妻子，回村后告诉了他我们的情况，他就带着中午饭盒来到城里了。

他跟我们到诸城进一步了解浸礼，5 月 29 日领洗，我们很高兴为这位 66 岁的老人牟聚奎（Mo Chu kwei）施行洗礼，他是日照宣教区第一位来领洗的人。他在家乡认真读经，能背诵许多经文。他十分珍视圣经中关于承诺的经文，一开始到村外小树林中去祈祷，后来在自家后院里祈祷，最后是在自己屋子里祈祷。

有一段时间，牟弟兄驻扎高陆（Kaoloo），在他的家乡一带做了一段时间的售书员和布道师工作。日照教会初创时，他就是五个成员之一。87 岁那年，他离开人世，荣耀地去迎接王了。愿他鼓舞人心的榜样在今天和未来再现。

那里的第一座小教堂在一座租赁的院落里，1915 年启用。我花了一个月时间修缮装点。正式启用时，布道员于明时（Uh Ming shih）和李福田（Li Fo tien）传道。作为祭坛装饰品，我把十诫写在了一大块白色织物上，这有助于吸引人们的观看，有时候我们会把这作为讲道的经文。在另一处地方，我见到了令人悲哀的情景，教会有人把十诫从教堂的前面移到了后面。

穿中国服装的瑞华浸信会传教士子女

1916年，我们最好的布道员于德霖（Uh The lin）来到了日照，他在这里呆了七年，做了令人赞赏的工作。有一次，我听他讲“因为世人都犯了罪，亏缺了神的荣耀”（罗马书 3:23），语调激昂，铿锵有力。他的妻子做女布道员工作四年，以极大的耐心引领一位姓杨的妇女归主。那位妇女十三年间是教会成员里唯一女性，后来才慢慢有更多的妇女信主。这位妇女和另外三位男子皈依了，他们在城外十公里处的海里领洗了。三位男子中有一位是个残疾人，还有一位是电话局的雇员。日照教会组建前不久，于和他的妻子退休了，这对日照教会来说，是个很大的损失。

山东瑞华浸信会议会一度曾把日照作为山东主宣教区，先后派出六位宣教师。第一位是殷丰云（Yin Fung yuin），最后一位是钟怡勤（Chong Ih kieh）。后来议会选择青岛对面的一个海港作为主宣教区，但发现困难重重，费用太高，最后放弃了这一计划。

多年以前，魏廉（Esther Wahlin）在几位中国同工陪同下，到日照开展帐篷布道活动，做了许多有效的工作。她为这次活动作了十分生动的动员报告，取得了很好的效果。一些年过后，李德安教士和李德安夫人以及几位中国同工到那里去搞奋兴聚会，他们发现日照城里的人对此漠不关心，但在夏园（Hsia Yuan）布道点，有几个人说他们新近信奉了基督。有一次，我坐在夏山田（Hia shan tien）的石阶上向一大群人宣道，讲完之后，有个男人说：“你来之前，我们从没听到这些说法。”

1920年，在日照小教堂开办了第一所男子走读学校，持续了两年。陈世群（Chen Shi kuin）担任教员，有八名学生。可以说这里的人有经济意识，比如说有两个男孩，他们家住城外，每次来都带一个框子和铲子，在回家的路上捡拾肥料。[2]山东瑞华浸信会在日照先后开办了三所学校，但都没有生根，持续时间不长。属灵意义上讲，日照并不是接受神的话语的沃土，但是城里还是要比其周围地区好不少。

我们从日照的基督徒中征招了三名布道员、五名教师和一名售书员，他们

2 所谓“捡拾肥料”，也就是拾粪，这似乎并不能说明他们是有“经济意识”，而是意味着这两个男孩的家庭比较贫困，他们懂事、能吃苦，“捡拾肥料”只是为了让自家的庄稼长得好一点，并不是为了出售，还很难说是一种经济意识。看来令约翰作为在中国生活几十年的传教士，虽然也外出到乡下布道，但主要是大棚布道，且以有集市的大村镇为主，大部分时间生活在城里，对那时中国农村的生活方式、对农民还是不够了解——中译者注。

有些人没做多长时间，所以差会不得不从其他布道站派人到那里开展工作。日照人像黄县人一样，常常到外地工作和生活。

1920 年，在日照东郊购买了一些房产，临街的一处房子安排作小教堂之用。这所房子的院子里有一座两层小房子，供中国同工和到访的外地传教士居住。1923 年 9 月 16 日，在这处教堂组建了教会，共十三名成员，其中五名是从诸城来的，八名是本地新领洗的。这时是棣奎德负责那里的工作，他为庆祝日照教会诞生做了许多很好的安排。六个教会派出了十五名代表出席了日照教会成立庆祝活动，说明各教会对此非常关注，这些代表长途跋涉到这里来，费用可观。代表中瑞典传教士有任其斐、令约翰、白多加以及魏廉。至此，我的十七年先行者的工作终于结束了。

1938 年年末，杨荣道在日照城里买到了一处房屋。翌年，令阜顺修缮这所房子供传教士家庭居住。为此，他艰苦劳作，长途往返奔波搜求建筑材料和资金。沿途有很多军纪败坏的士兵和强盗，山区的情况尤为严重。他常骑摩托外出，经历三次枪击事件。有一次骑马外出，快速穿越乱石岗和丛林才躲过一劫。在日照南部的一次旅途中，有人向他开了二十多枪，上帝保佑，尽管子弹擦身而过，但并未受伤。有一次他从石臼所（Shikiosan）乘船去青岛，船只失事，但有神看护，毫发无损。一位英国诗人说："人在完成任务之前是不会死去的。"

年轻的第二代瑞华浸信会传教士乘骑简易摩托车出行

上述一切工作和冒险经历，都是为了把日照建成我们的第五个布道站。

在世界和远东和平得以实现之前，没有传教士在日照居住和生活，也没有可以利用的人力。愿公义之光为多灾多难的日照县人民荣耀升起，希望未来是个全新的时代。

第九章　青岛见闻与经历

青岛这个名字源于离陆地一箭之遥的一座小岛，青岛的本意就是“绿色的岛”。在青岛这个小岛上，有一座灯塔和几座小建筑，灯塔是德国人建的，对海面入口船只来说非常重要。

早在 1890 年代，中国政府计划在青岛地方建一座海港，这里海水深度非常适宜建造优良港口。最初是派了一位章姓将军率领一支部队进驻[1]，修建了一座狭窄的突入海中的码头，并建了一座总兵衙门建筑。1894 年这座总兵衙门正在建设的时候，我简短造访过那里，碰巧遇到了章将军，我们在脚手架下进行了简单的交谈。

1897 年 11 月 14 日，德国舰队在青岛登陆，占领了青岛，租借 99 年。德国出兵这里的理由是天主教传教士能方济（Nies）和韩理迦略（Heule）在山东省西南部张家庄（village Changkia）某处被杀。德国租借青岛之后，天主教和基督教传教士们立即提出了在那里设立布道站的要求。天主教要求一块最吸引人的地方，他们的要求得到了满足，在所要求的地方建了天主教总堂。基督教路德宗的代表是德国信义会（Berliner Mission）的和士谦和昆祚，他们是从华南的广东到这里来的。德国同善会（The Weimar Mission）的代表是花之安（Ernst Faber）和卫礼贤（R. Wilhelm）博士，这两个人著述甚丰，闻名当世。克兰兹（Kranz）牧师有段时间和他二人同工。此外，他们与中国政府合作创办高等教育。

1　指登州总兵章高元——中译者注。

花之安

花之安博士1839年出生于德国科堡(Coburg),先后在德国巴门(Barmen)、瑞士巴塞尔(Basel)以及德国柏林(Berlin)、图宾根(Tybingen)、哥达(Gotha)等地求学。1864年，他以为礼贤会（the Rhenian Mission）工作的名义乘船前来中国，经历225天海上漂泊，于1865年4月25日登陆香港，在广东内地工作了很多年。花之安善用中文、德文、英文写作，著述颇丰。他在中国经典和文学方面，造诣深厚。在基督教经典方面，为《马克福音》和《路加福音》作了极为出色的注解。

作为从事传教工作三十周年的纪念，他于1895年出版了《历史地看待中国》一书。该书收录了十四篇长文，我把这本书翻译成了瑞典文，全文连载发表在《瑞典邮报》（Vecko-Posten）上。

花之安博士在青岛去世，葬在那里的万国公墓。在他去世前不久，说了下面一段话："我不知道神什么时候召我去天堂的家，我想说的是我完全相信普天下救主耶稣基督，他已经向我展示了他的仁慈，借圣灵已预备好我离开这个尘世。荣光无限的上帝之国，那里是我的希望所在。"

为了纪念他，在青岛设立了一所医院——福伯医院（Faberkrankenhaus）。福伯医院的首位医师是文斯彻（Wunsch）医生，可惜的是，他不久就去世了。很多传教士都在这所医院治过病，任其斐1941年7月3日在该院去世。

任其斐牧师在青岛的墓地

1899-1904 年修筑的胶济铁路是用犹太人资本建成的[2]。在胶济铁路修建和建成前后，很多人前往青岛找工作和经商，在这些人当中，有许多基督教徒，既有浸信会的，也有长老会的，他们都来自山东内地。基督徒们纷纷到青岛来，目的是弄清楚这里的情况并确定自己的发展方向。这么多人到青岛工作和经商，需要有人来指导看顾他们的属灵需要。潍县美国北长老会传教士柏尔根（Bergen）博士是第一位为此目的到青岛来的。至于他教会里的基督徒的行为问题，他曾经说："当喜乐而心存战兢。"不幸的是，他不是唯一非常高兴到青岛去指导看顾人们属灵需要的传教士。对于到青岛指导看顾人们属灵需要的很多传教士来说，最大困难是要遵守安息日诫命。

在德国租借青岛最初的一些年间，我经常去那里，去的时候自行车包里总是装满了基督教文学书籍，在大街上兜售，很快就会销售一空。我还在青岛、胶县和高密的德国士兵中间讲道，并向他们散发汉堡毕克尔（Filipp Bikel）博士的一些福音传单和小册子。我经常收到邮寄来的纸箱子，里面装满了这些传单和小册子，每箱价值 100 马克。在青岛，帅德顺弟兄帮我散发这些传单和小册子。

2　作者这里的说法与有关史料记载不符，不知依据是什么，作者未作说明。查建设胶济铁路的资本由德华银行筹措，山东地方政府也有投资——中译者注。

（德国租借青岛之后）令约翰骑自行车外出布道

德国侨民中有一些像瑞普劳埃格（Reploeg）和他的妻子一样的浸信会信徒。安德雷斯（Josef Endrass）最初是位天主教徒，但他改宗在胶县领洗加入了浸信会。改宗之前他还没结婚，写信回国要找一位妻子，而要找的这女子是浸信会信徒，他们成功地结为了夫妻。他们夫妇现在住在慕尼黑（Munich），第一次世界大战爆发前，我们有通信联系。现在青岛德国侨民中只有安德兹卓韦茨（Antoschowitz）夫人一位浸信会信徒了。

1908 年，作为平度教会的一个布道点，青岛组建了教会。这个布道点多少年间一直都不很活跃，租借教堂用房困难。不过自从美国南浸信会开辟青岛工作以来，平度青岛布道点的工作有所扩展。斯蒂芬斯（Emmet Stephens）博士坐镇青岛布道点，他在那里建造了一座教堂，可容纳约 1000 人。每年夏季，我们瑞华浸信会在内地的传教士经常应邀前往青岛布道点宣教，为主日学校的学生讲课。

青岛在教堂或帐篷举办奋兴聚会,各宗派联合,常常持续数周时间。在这些奋兴聚会上,有一些著名的演讲人演讲,其中应该提到的是格拉斯(W.B. Glass)、传教士凯利(Kelly)、牧师荊范明（Fann Ming king)、王彼德（Peter Wang）和宋博士（Dr. Song)。宋博士的演讲极为引人注目，他几乎像是在表演杂技，但非常受中国人赞赏。他的指导对新信徒极具实践意义。丁立美（Ting Li Meh）牧师主要在长老会众中宣讲，他是我见到的第一个在黑板上演示他的宣讲内容的人，后来这一方式普遍流行起来。在祈祷会上，所有人同时大声祷告已经成了习惯。

辛亥革命前的青岛

辛亥革命前青岛柏林会（德国信义会）建筑

青岛有两座联合教堂，一座是长老会教友建的，在城里；另一座在伊尔蒂斯岬（Iltis Huk）[3]，那个地方夏季是避暑胜地。这两座教堂为欧洲人做礼拜、举办主日学校、唱圣诗、开祈祷会。多年前，太平角那里有很多聚会与牛津运动（Oxford movement）一块举办[4]，因此很多人在灵里复兴，也有不少人皈依基督得到救赎。这两座教堂接收的捐款，集中用于慈善事业。

由于青岛城市发展迅猛，很自然建起了许多银行、旅馆、医院、行政机构、法院、邮局、教堂等等现代建筑设施，噢，甚至还建起了很多庙宇。中国传统宗教像天主教和基督教一样纷纷涌现。这里的基督教宗派有；长老会、浸信会、五旬节教会、救世军以及一些较小的社团。日报有英文、俄文、中文、日文等不同语言版本发行。

记得我记述了我如何在上海登陆，现在，在中国工作了五十多年后，是带着行李站在青岛码头上离开中国回到家乡的时候了。像小孩子紧拉着母亲的手寻求引导一样，我们仰望天父挥手引导我们的未来行程。

瑞华浸信会诸城教会欢送令约翰牧师一家归国

3 今名太平角，旧称碌岛、太平岬。伊利蒂斯岬是德占时期的名称——中译者注。

4 牛津运动是 19 世纪中叶由英国牛津大学部分教授发起的宗教复兴运动——中译者注。

第十章　五十周年大庆

在结束我的“见闻与经历”之前，我想附上山东瑞华浸信会议会书记高钦石（Koi Kin shi）先生 1941 年 10 月 19 日致我们差会创建者文道慎的贺词。

美国　帕萨迪纳　文道慎牧师：

虽未曾谋面,但在主里真切爱戴您。

今天——1941 年 10 月 19 日，山东瑞华浸信会议会暨我们珍视的中国宣教五十年庆典在胶县教堂隆重召开，值此机会，我们一致决定要向我们爱戴的先驱表示最诚挚的问候！这是一个令人激动的日子。

很多代表参加了今天的大会和庆典活动，山东瑞华浸信会十二个教会 5000 名信众派出了 58 名代表，美国南浸信会（the Southern Baptist Convention）、美国北长老会（the North American Presbyterians）、鲁东信义会（German-American Lutherans）、华人各灵恩会（Chinese Pentecostals）及其他各教会团体也派了代表。会场济济一堂，总计约 1000 人与会。四十人组成的唱诗队伍齐声高唱，他们不同场合的嘹亮优美歌声，令人振奋。

感谢上帝，在黄海之滨各处乡村，有 5000 多人领洗信奉基督。所有教友都思念您，您听从神召，满怀热情传播上帝之国。我们记得，您在 1891 年 3 月 21 日抵达上海，这是我们瑞华浸信会的生日。每当我们看到您 1891 年 3 月 26 日在上海拍照的穿着中国服装的照片，就禁不住热泪盈眶。我们见到照片上您的假辫子、长袍和一英寸厚鞋底的老虎头靴子，我们清楚，您穿戴成这样一定感觉很不方便，但这是为了更好接近中国民众，便于开辟我们的宣教区。

在庆典大会上，您的同工令约翰回顾了开辟宣教区最初阶段的困难，告诉我们您现在虽身在美国，但心却留在中国。您为我们能够扩大宣教送给我们很多大帐篷，您一直努力使我们接近施恩的宝座。

作为山东瑞华浸信会议会书记，我谨代表 5000 名中国基督教友向您致以兄弟般的问候。您的中国之行，硕果累累。报福音传喜信的人，他们的脚踪何等佳美！衷心请求您不断为我们祈祷。

“此外，愿明天世界一片光明！”我们希望福音在我们国家越布越广。愿伟大主恩普降您走过的大地，愿主恩照耀您晚年的生活，赐您平安。阿门。

山东瑞华浸信会书记　敬上

收养中国遗弃女婴：山东诸城瑞华浸信会孤女院简史

【瑞典】白多加　著

Among Abandoned Girls in China
The Orphanage in Zhucheng, Shandong

By Matilda Persson

英译者：艾丽斯·瑞奈尔·赫尔曼松（Alice Rinell Hermansson）

序

瑞典浸信会在中国诸城创办的孤女院，明年（1948 年）即届满二十五个年头。由于政局动荡，我们不能举行二十五年庆典活动了。我在这所孤女院工作也将届满二十五个年头，现将这近二十五年间的亲历亲闻记述下来，期望能借此鼓励孤女院的朋友们再接再厉，续写在华救助收养遗弃女婴事业新篇章。

白多加　1947 年 9 月于厄勒布鲁（Örebro）

瑞典筹划阶段

在非基督教国家，差会的社会工作与福音工作同样重要。人们不必一定要亲眼看到当地人民的生活状况，才能认识社会工作的重要性。我要通过叙说瑞典浸信会在中国山东设立的孤女院的相关事实，帮助人们了解派出差会开展社会工作的重要性。下面我就对这所孤女院二十五年的历史做一简要回顾。

谚云："集腋成裘，聚沙成塔"。山东诸城瑞华浸信会孤女院的历史，就是对这一谚语的很好诠释。

1920 年回瑞典时，我结识了倪拯婴（Ninnie Ericson）姊妹，她曾想到中国做一名传教士，一度也如愿以偿，但可惜的是由于身罹疾病，在中国没多久就回国了。虽然在中国的时间不长，但中国遗弃女婴的事实却无论如何也难以从脑海中抹去，以至成了她心头的沉重负担。从下面引述她的日记中，不难证实这一点：

> 1918 年冬季，我有了要为我们中国差会建一所遗弃女婴孤女院的念头。在中国，由于异教习俗的原因，有很多女婴遭到遗弃。每当我想到这些被人遗弃的女婴，想到她们的悲惨命运，就心痛不已。思虑良久，我产生了一个难以遏制的念头，这就是要设法为救助这些可怜的遭遗弃的女婴筹集一笔经费，我自己要为这些可怜的女婴积攒每一分钱。我本人没有经济来源，要靠自己的力量筹集这笔经费，前景十分渺茫。然而，尽管如此，我还是果断开始了行动。终于有一天，我积攒了六欧尔（öre，瑞典货币，100 欧尔为 1 瑞典克朗）硬币。作为一名实习护士，我曾经把我的计划和一些病人谈过，他们有人给了我四个欧尔。就这样过了一段时间之后，我积攒够了一克朗。赞美神！现在我明白了，神祝福我的计划。很快，我积攒了两克朗十欧尔，我是多么高兴啊！现在的问题是，我该怎样照管好这属于神的资金呢？一天，神送我十个五先令面值（ten crowns）的硬币[1]，我高兴的不得了，于是就和我已经积攒的两克朗十欧尔合在一起，凑足了五克朗，跑到银行去储存起来。这笔钱是为中国遭遗弃的女婴存储的，愿主祝福这笔资金，令其快速增值，变为 500 克朗！

1 ten crowns，crown 作为旧制英国货币，面值五先令。十个 crown 为五十先令，旧制 20 先令为 1 英镑。由此可见那时的英镑与瑞典克朗的价值差不多。

1920年2月，她在日记中写道：

我看望了白多加教士，她最近刚从中国回来。我向她倾诉了我的一些想法，讲了我想在中国为遗弃女婴办一所孤女院的计划，以及我在这方面的初步工作。她听了之后非常高兴，对我说她很久以来就想在中国为遗弃女婴办一个收养机构，在我的计划里看到了神的指引。我听她这样说，很是激动，感激神曾引导我，指引我做出在中国为遗弃女婴办一所孤女院的计划。

穿中国服饰的白多加

上述我引用的这本日记，读来令人非常感动，它记录了为在中国建立遗弃女婴收养机构的每一笔经费来源。现在，这笔最初只有 6 欧尔的计划经费，已经累积到了 6000 多克朗，很多人都为建设中国孤女院做出了自己的贡献。在为这笔资金做出贡献的人中，有一些是乐师和歌手，他们利用自己的才能为在中国建立孤女院筹集经费。也有妇女唱诗班开演唱会，把收益所得贡献给在中国建立孤女院这一计划，即使在孤女院建起了之后很长一段时间，都还一直坚持这么做。

1920 年春，我参加了在佛伦（Flen）召开的一次传道会议。作为这次会议的主讲人之一，毕斯卓姆（Byström，瑞典浸信会领导人之一）先生温和地问道："白多加小姐，你有什么要特别提出的问题吗？你愿意我们为你做点什么事情呢？你很快就要再回到中国吗？"

建一所孤女院的愿望就是在这种情况下提出来的。毕斯卓姆先生对此很感兴趣，同时他还认为这件事情很容易令瑞典民众感兴趣。有一次会议上，他热情地提到了在中国诸城建一所孤女院的计划，要为在中国建一所孤女院筹集一大笔资金。由于这次会议前很多人并没有做这项捐助的准备，所以会议期间筹集了部分资金，会议之后，我们离开这里之前又收到了很多笔或多或少的捐助款。就这样，浸信会要在中国建孤女院的这个想法完全公开化了，是付诸行动、达成目标的时候了。

兴办孤女院

为了能够接收到无依无靠的遗弃女婴，我们开始在中国做相关准备工作。山东瑞华浸信会第一次会议（The Missionary Conference）上，确定让我负责筹建孤女院[2]。1922 年 2 月 16 日，我们接收了第一位弃婴，她刚出生没几天。随后不久，不断有弃婴送来。二十五年间，我们收养了数百名女婴。建成后的孤女院，常年在院女婴数，最多时 32 名。在中国，婴儿死亡率很高，我们孤女院也有婴儿死亡。很多刚出生不久的婴孩送来的时候就生命垂危，能活下来的希望很渺茫。我们尽最大可能挽救她们，在她们还活着的时候给以最好的照料，当她们离世后很好地予以安葬，避免当地野狗撕咬死婴的现象发生。中国没有关于弃婴的法律，死活都没人管。弃婴没有灵魂！

瑞华浸信会建造孤女院的目的，并不是要建一所最大的收容所，而是要救

2 瑞华浸信会第一届议会于 1920 年 12 月召开。

助那些确实需要救助的弃婴。我们的愿望是要让来这里的孩子们感到这儿就是她们真正的家，她们都是这个大家庭里的姊妹。我们很高兴地发现，孤女院的女孩都已经把这儿当作她们的家了。有些已经在这里长大成人，结婚生子，或走上了各自的工作岗位。她们总是是非愉快地找机会回家来看看。

关于孤女院的兴办规章，我在这里引述其中主要的几条如下：

第一款　山东瑞华浸信会孤女院设于诸城，旨在本着慈善的理念，接收养育整个瑞华浸信会宣教区的遗弃女婴。

第二款　本院首先接收无父母抚养或无监护人照看的孩子，有监护人照看的孩子，非有监护人与院方签订相互协定者，不予接收。接收孩子年龄，限定在十岁以内。

第四款　本院负责对人院孩子进行普通学校教育，全体人院孩子都需学习圣经。此外，本院孩子还要接受家政、清洁及礼貌方面的教育。

第五款　完成本院安排的学习科目后，院方帮助找工作或介绍与基督教家庭青年结婚。

白多加与收养的女弃婴们

不断接收遗弃女婴

或许有人会问，瑞华浸信会是如何同这些被遗弃的女孩取得联系的？换句话说，那些被遗弃的女孩是怎么到孤女院来的？关于这个问题，下面我略举几例作为回答。

有一天，从乡下来了两名妇女，其中一名抱着一个小包裹。“我们听人说，”她们说道，“你们办了个收养院，收留没人管的小孩子，能收下这个小家伙吗？我们是在场院上捡到的，没人想要这个孩子，也没人能养得起她。”其中一名妇女补充说：“俺听说过一些基督信仰，觉着不捡起这个可怜的小家伙过意不去。”

与上面说的情况差不多，虽然方式不尽相同，我们孤女院的很多女婴就是这样被人送来的，她们都是人们捡到的被遗弃的女婴。

有一次，一位妇女挎着个大篮子到了我们这里，这个人我们以前认识。“看，”她边说边掀开大篮子的盖子，“俺救了这个小家伙，她在我们村刚出生不多会儿。她妈妈是个没婆家的闺女，不能养她，不能让人知道她生了这个孩子。”还有一次，我们在一条小巷子里看到有个篮子，里面也是装着一个刚出生的女婴。小家伙嘴里塞着棉花，叫不出声来，快憋死了，我们把她捡回来了。

有一次，星期天天刚蒙蒙亮，为我们看门的那个男人跑来敲我们的窗户。“我们门口大街上有个小孩，”他说。“我听到有怪怪的动静，就跑过去看看，结果是个孩子。”我们急忙起床跑出去查看，见到大街上有一堆垃圾，垃圾下面有个婴儿，看样子是刚刚出生的。“这个女婴来的真是时候，就安排在爱梅（Ai-mei）空出的地方，爱梅这个星期就要结婚了。”我们说。

这里顺便说说爱梅的情况，她是我们孤女院里年龄最大的姑娘。到孤女院来的时候，她才六岁。现在，她已经结婚好几年了，有个好丈夫和两个可爱的孩子。最初，她是和父母及一个小弟弟从闹饥荒的灾区逃荒到这儿来的。这一家人一路逃来，想寻个地方让父亲找点活做，好养活这一家子。到了诸城的时候，母亲得了重病，走不动了。有人告诉他们说，这里有个瑞华浸信会能帮他们。就这样他们找到了我们。我们赶到他们住的草席棚子，看到那位母亲躺在地上，已经没有知觉了。我们把这位母亲送到了我们的小诊所，尽一切努力挽救她的生命。数天时间，这位母亲一直在死亡边沿挣扎，最终还是去世了，撇下了痛苦无助的男人和两个孩子。后来，这位父亲就留在我们差会工作，为我们的教会和学校看门，很多年来，他做的非常好。小女孩留在了孤女院，小男孩也作了适当安排。我们给那个小男孩起了个好听的名字“约翰”，因为他原来没有名字，他们家都叫他“闺女”，有一只耳朵上带着个小耳环，说是这样恶鬼就会真的把他当成女孩了。他们相信，这样子的话恶鬼就不会夺走他的命了，因为女孩对恶鬼没什么用处。现在小约翰早已长大成人了，像其他年轻人一样，在这战乱不断的年代，也遇到过危险，被人捉去，差点丢了性命。不过，他最终奇迹般地生还了。“是神救了我。”他说。“我信神，他听到了我的祷告。”

美丽（Mei-li）和德贤（The-hsin）是现在孤女院里两个大龄姑娘，还都没有离开孤女院，她们都参加了胶县的圣经学校（Bible School）。

德贤到孤女院的时候，还不满两个月大。本来，绝望的父母要把她送到一座寺庙收养，长大后在那里做尼姑。当我们发现了她父母的绝望境况之后，决定由我们来收养这个小家伙。在很小的时候，她就很容易接受精神方面的影响，青少年时期，度过了危机。这样的经历，使她充满了灵魂得救观念。我们希望她做主的仆人，侍奉主要比在寺庙里做尼姑好得多。

孤女院中的“小不点”

一天傍晚，天还不太黑，一位上了年纪的妇人到了我们布道站，心急火燎地要找接生员。“快跟我来，救救这娘俩吧。”她说。“城里有个没结婚的姑娘要生孩子了，生不下来，快去帮帮她吧。大家伙儿千万得小心一点，不要闹出动静，不能让邻居们知道她生孩子的事。”我们带着一位女布道员跟着她去了那位要生孩子的姑娘的住处，检查确定暂时没什么危险之后，就等待孩子降生。就在我们做检查的时候，他们家里人也在为即将降生的孩子做着什么准备。到布道站求我们来帮忙的那位妇人说：

“要是个小子就好了，我没有孙子，我收养这个孩子。”

“可要是个女孩呢？”我们问。

“那就没什么好法子了，勒死丢到城墙外边去。”

在我向她解释了即便是个女孩，也无论如何不能那样做以后，他们就想知道要是个女孩的话，孤女院能不能收养。晚间时候，小生命降生了，是个不受欢迎的女孩。他们担心有人会听到孩子的哭声，于是就要把她的嘴给堵上。这时候外面下着雨，城门已经关上了，这样我们就不能回位于城北门外郊区的布道站了。时间一分一秒地流逝，天终于要亮了。“你们最好在别人没醒之前离开这儿。”有人对我们这样说。于是，我们带着作为这次出诊的报酬——刚出生的女婴，离开了。但这时城门还没开启，我们等了好长时间。当城门打开之后，我们便匆忙出城去了孤女院。孤女院里有很多帮手，她们已经准备好了照料这个被亲人们抛弃的婴儿。在孤女院，这个孩子取名美丽（Mei-li），米利亚姆（Mirjam）名字的缩写。

洪恩（Hung-en）和天恩（Tien-en）是两个很好的小女孩，洪恩十一岁，天恩十二岁。这两个姑娘勤快，也很愿学习，常常一起玩耍，帮大人做孤女院里的各种杂活。当初她们来到孤女院的时候，任何一个是否能渡过难关存活下来，其实都是未知数。洪恩送来的时候四个月大，仅仅有五斤重。她妈妈在生她的时候去世了，家里很穷，没有闲人能够照料她，也没有适宜婴儿吃的食物。她家里人到处寻求有婴儿的母亲救救她。恰好村子里有一位年青的浸信会信徒，听说了这件事情，主动帮助把这个女婴带到了孤女院来。记得那是七月天气，很热，这个年轻人带着女婴徒步 50 里路才到了我们这儿，真是难能可贵。这个年轻人一路上吃尽了苦头，千方百计保护照料着婴儿安全无恙来到了孤女院。“神真是仁慈，一直把太阳藏在云彩后面，我们一路上没怎么晒着，要不然的话，这个小家伙还不知道能不能坚持到这里。”他很温和地说道。其实，看到了这个小家伙，我们还真不能断定等待她的是什么。有一位妇女，孩子刚刚夭折，她答应收养这个婴儿。可是，第二天她又把孩子送回来了，抱怨说这个孩子太小，身子太虚弱，不能进食。所以，她不敢收养这个孩子了。我们打听到附近还有一位妇女孩子夭折了，就请她帮忙照看这个女婴，她也答应了。不过，与前一位一样，也是因为没办法为女婴喂食把孩子送回来了。这样一来，我们一时显得束手无策，找不到可以喂养女婴的办法了。幸运的是，我们想到了山羊，于是就去找山羊奶来装到瓶子里喂她。这个办法工作量很大，要日夜都很在意，小孩子皮包骨头，身体虚弱不堪，稍有疏忽，后果难以预料。不过，令我们欣慰的是，在大家精心照看下，眼看着小家伙在一天天长大。现如今，她已经是个强壮健康的姑娘了，一点也看不出她有过来到这个世界的头一个月差点活不过来的经历。

天恩到孤女院的时候大约九岁。她原本是被穷困的父母卖到一位日本皇协军军官家里做佣人，卖价十五个大洋（大约相当于瑞典货币 100 克朗）。一个九岁的孩子承担的劳动，大大超过了她所能承受的能力。更为糟糕的是，那位皇协军军官的太太特别残忍，对小女孩倍加虐待，经常毒打小女孩，还让她睡在光秃秃的土地上。一天早晨，小女孩在为主人家烧开水的时候，不知怎么让炉火烧着了自己的衣服，烧伤了身体，胳膊和后背烧得很厉害。然而，主人家没有给她任何适当治疗，烧伤日益恶化，不能做活了。于是，主人家厌恶她了，派人到孤女院来问我们能不能收养这个孩子。得到这个消息，我们前去了解情况。结果，看到的一幕令人惊讶：小女孩躺在草堆里，身上散发着难闻的气味，烧伤溃烂，爬满了蛆虫！看到这种情况，我们当即决定，不管后果如何，我们一定要为这个遭难的小女孩做点什么。随后，我们在孤女院为小女孩收拾出了一间屋子，尽最大可能给小女孩以最好的治疗和照料。就这样，花了几个月的时间，才让小女孩的烧伤逐渐痊愈，身体也逐渐恢复过来。现在，天恩已经是个健康聪慧的大姑娘了，有点令人伤心的脸上露出了幸福的笑容，但是，背上的大面积烧伤疤痕，却让人永远不能忘记过去那痛苦遭难的时光。

孤女院的孩子们就是这样脱离各自昏暗的过去来到这里的，她们每个人都有自己的故事，一个比一个悲哀。在差会里安家，她们才得以活了下来，可以无忧无虑地过着童年生活。在这里，她们都那么的美好和可爱。有一些年龄稍大点到孤女院来的女孩，来的时候都记得她们之前那不堪回首的经历。小陈，出身于一个非常糟糕的家庭。噢，那其实不能叫做一个家，他们根本就没有家，走到哪就在哪住下，睡在露天地里。她的父亲什么都不做，只知道赌钱，不管怎么弄到一点钱，就立即拿去赌；她母亲，每天带着孩子们沿街乞讨。这个陈姓小女孩五岁的时候到了孤女院，她很快就把孤女院当成了自己的家，不久就成了一个聪明、幸福的小女孩。有一天，她们玩一个叫做“妈妈和孩子”的游戏。可是这个陈姓小女孩提出了抗议，说她不要有妈妈。对她来说，有一个妈妈就意味着遭难。每当她的妈妈到孤女院来打听她的消息，或者来讨要点什么的时候，她总是跑到一边躲藏起来。过了两三年，一个无子女的基督教家庭收养了她，我们相信，在那里，她会知道什么是父母的爱。

有时候，我们能听到孩子们一些令人捧腹的谈话。两个四岁的小女孩讨论她们关心的问题，一个觉得另一个做错了事情，就问道：

“你不害怕神惩罚你吗？”

“怕呀，可我会跑啊。”

“你往哪跑啊？”

“我跑到白妈妈的房间里。”（“白妈妈”是孩子们对白多加的称呼）

小金（Little Kin）曾经很长一段时间无家可归，她对一个正在哭闹的小姑娘说：“哭吧，使劲哭，再哭眼睛就看不见了，到街上要饭去。”小金的妈妈去世了，她自己很可能是因为没有妈妈的爱抚和照料而哭泣，有人这样警告过她，所以她现在就觉得用这样的话警告这个爱哭的小女孩再合适不过了。

上学与结婚

时间过得真快，到孤女院来的那些婴儿，很快就长成了亭亭玉立的少女。来孤女院的女婴到了一定年龄都要进学堂读书，一些有天分的还要送她们到差会办的中学去。资质一般的女孩读完了小学之后，就不再继续深造，而是开始从事各种实际工作了。特别优秀的女孩，还要送到圣经学校去深造。有一位名叫爱娥（Ai-Uh）的女孩，在北京一所学校学习了三年，现在成了一名助产士。我们希望她能为中国苦难的妇女们带来好运。

中国的习俗是年轻人都早婚，很多中国家庭，孩子在十三四岁的时候就结婚，至于说订婚，有一些就更早了。这里的基督徒们希望改变早婚习俗，实行晚婚，但这总是障碍重重，很难做到。一旦听说有合适的对象，大家都不敢耽搁，生怕错过机缘。当一个女孩到了二十多岁时还没有结婚，那她就没有别的选择了，只能为一些鳏夫续弦，很可能和她结婚的这个人已经有好几个孩子了；或者就是做妾，嫁给一个已经有一两位甚至更多妻子的男人。还有一种结局，那就是嫁给一个比他小很多的小男人做童养媳。在中国人看来，二十多岁还没结婚的女孩，机会已经错过了。

对于在孤女院里这些女孩来说，我们当然不能同意按照当地中国习俗安排她们的婚姻。我们把这些问题交给主来安排，等待他的指引。目前来看，主也已经为我们这儿的女孩有个适当归宿作了安排。

然而，迄今为止，由于中国的一些习俗一仍其旧，至少是在一些内陆地方几乎毫无变化，青年人都还不能根据自己的意愿安排婚姻大事，婚姻大事还必须遵循父母之命、媒妁之言。在这个问题上，孤女院的女孩也不能例外。不过，在履行按习俗进行的相关程序之前，我们总是同女孩们商量，大多数情况下，准备介绍他们成亲的男女双方，也都能互相见面。这些筹划她们婚姻的事情，一直是我们最困难的工作之一。

有一天，一位布道员来到了孤女院，他是我们派到一个村子去布道的教友。他这次到孤女院来是问问我们能不能把这儿的一位女孩介绍给他的儿子。这个女孩十八岁，而他的儿子才十六岁。他们家里觉得这个女孩大一点，又很聪明，很适合在他们这样的家里帮忙做一些事情，并没有考虑女孩是不是愿意。我们告诉他说，这个女孩现在根本还没想找婆家的事，她不会同意这门亲事。我们对他说，他儿子还这么小就急着结婚，很不合适，应该再等等，如果他们要在孤女院找一个儿媳妇，那就再等几年，到时候也许我们会为他找一个更合适的。经过一番劝说，他同意再等几年。现在，他儿子结婚了，儿媳妇就是我们孤女院的一位姑娘，年龄和他儿子一般大。

有人向我们建议，说一个村子里的两个年轻人，应该在我们孤女院找媳妇，他们是堂兄弟，家里人都是基督信徒。于是，他们就问我们有没有合适的女孩。其实，我们觉得这个主意很不错。我们经过考虑之后，请求神的指引。过了些时日，我带着一名女读经员到那个村子去，那里有我们的一座小教堂。我们在那里搞了几次聚会，访问了一些家庭。姓刘的一家，就是曾经要在孤女院找两个儿媳妇那家，很热忱地欢迎我们的到来。我们之前对这家人有所了解，现在我们建立了很密切的联系。我和要找儿媳的两堂兄弟家里人都知道我们彼此会面的目的，但谁都没说什么。在村子里的时候，两个年轻人对我们很亲切。当我们要到另一个村庄去的时候，他们热情地主动要送我们过去，并找来小推车推着我们。一路上，他们轮换着推车，或者在路不好走时一个推着，一个帮忙扶着车子，一直把我们送到了才分手。这一切似乎是在告诉我们“你们知道你们找到了多么聪明的女婿吗？”随后，通过中间人商定了婚事，他们订了亲，相互交换了礼品，签订了终生有效的大红证书。几个月之后，这两对年轻人结婚了。

孤女院为成年孤女举行婚礼

按照中国习俗，结婚庆典在新郎家中举行。然而，我们有四个姑娘的婚礼是在孤女院举行的。其中有一对的新娘就是德恩（De-En），大家觉得她是四个姑娘中特别有天赋的一个。在完成了学习任务之后，她被安排在诸城的差会学校里教书。她还积极参加主日学校和教会里其他一些活动，我们希望她尽可能多留一段时间。在她二十多岁的时候，人们就问她是不是能安排她结婚。有一天，我们收到了一位牧师的来信，这位牧师姓李，属于另一个差会。信封里有一位男青年的照片，有人请这位李牧师给这个青年说个媳妇，他就转而找我们来了。照片上的这位男子是一名优秀的基督徒，他在一所美国差会的学校里受过良好教育。我们把这个事情告知了德恩，开始为此事祈祷。稍后，我们要请李牧师和这位年轻人到我们这来访问，以便共同商量一下这个事情，同时也为两个年轻人创造条件，让他们互相见见面。严格说来，这不符合中国的习俗，但参与这件事情的人都更现代一些，他们愉快地接受了邀请，找时间到我们这里来了。见面之后，很明显，这对年轻人互相爱慕，我们很快就为他们确定了这门亲事。在李牧师和年轻人离开孤女院之前，我们邀请了一些人来举行了订婚仪式。几个月以后，年轻人和李牧师又来了，这一次是来迎娶新娘的。我们在孤女院为他们举行了华美的结婚典礼，随后即乘坐花轿，在跟来的一群人簇拥下，在神的帮助下，回到男青年在峄县（Ihsien County）的家。后来，这位新郎官读了神学院，现在是一位牧师，侍奉神。

上述是一些我们孤女院姑娘在中国如何按照基督教的方式出嫁结婚的例子。现在，很多姑娘都是由我们给找对象，安排订婚结婚了，于是孤女院就有了很多女婿，也有了很多外孙。我六十岁生日那天，有位传教士写了一首诗，其中有几句是这样写的：

> 孤女院女婿四面八方，好小伙娶到诸城姑娘。仿行鞠躬礼前来探望，似家人聚首喜气洋洋。

中国同工

照料孤女院收养的女孩，自然需要中国人帮忙。要找合适的中国同工，一直是件很难办的事。正如俗语所说，万事开头难，不过，问题总还是要解决的。由于孤女院不时会收养一些婴儿，我们还要尽可能地找乳母帮忙。一开始找乳母帮着喂养婴儿的办法是把婴儿送到乳母家里，按月给乳母薪水，婴儿的衣服、尿布等由我们孤女院准备好。这样安排之后，我们要经常到这些喂养我们婴儿的乳母家去走访，指导她们应该怎样照料这些小家伙。可是，实际情况常常令人失望，她们根本不懂应该怎样去照料婴儿，有一些妇女很不讲究卫生。正如一位年纪大些的妇人所言，她不知道什么叫“卫生”（现在所有学校里的孩子们都知道），她说：“俺自己就不卫生！”令人悲哀的是，很多妇女都缺乏卫生知识，不懂育儿卫生。不过，后来我们让乳母到孤女院来，情况好多了，她们到这里来只负责给婴儿喂奶，其他什么都不用管。与此同时，我们也努力学着有耐心，尽最大努力改变现有条件。有些妇女很善良，很有能力，工作高效，我们就培养她们也照料婴儿。她们看着孩子们一天天长大，在孩子成长过程中学到了很多东西。这些人甚至在孩子们长大成人后，还与她们保持联系。

最初一些年间，孤女院的女孩都还小，不能帮我们忙，所以我们不得不到社会上雇用一些妇女帮忙照看小孩，洗衣做饭，做一些杂活。基督教妇女能够走出家庭到社会上做一些事情，但当时这样的妇女太少了，很难找到，于是我们不得不雇佣一些其他妇女。这样雇佣来的人，有时候很难相处。她们中有些人偷东西，相互之间极不和睦，有时候甚至为了一点小事意见不一致就打起来，闹得我们不得不花时间为她们调解。还有，雇来的这些人也不知道讲卫生。有一位妇女，连给孩子洗澡都不会。让她给孩子洗澡，她只是在盆里放一点水，就用这点水给几个孩子洗澡！告诉她很多遍不能这样给孩子洗澡，但一点用也没有——据说有一种流行的说法，说是人死了以后要喝掉他（她）一生用过的脏水[3]。或许是因为担心这个问题，所以怎么说她也没有用。有一天，当我们又说她不要这样给孩子们洗澡时，她不耐烦地说："俺从没看见水会把什么人弄脏了！"

已经上了年纪的白多加与中国同工和孤女院大小孩子们

3 据译者所知，这种死后喝脏水的说法，中国北方比较普遍，但不同地方这种说法的内涵又有所区别。像天津一带人死了以后，女人葬礼必须烧扎的纸牛，以便有牛在另一个世界喝掉女人一生的脏水，免得女人受罪。而胶东一带的说法则似乎不分男女，人死后都要喝掉自己在世时使用过的脏水。胶东人喝脏水的说法参见 Robert M. Mateer, *Character-Building in China: the Life-Story of Julia Brown Mateer*, New York: Fleming H. Revell Company, 1912，p.150.

要让这些雇来的妇女定时给孩子们吃东西，也是件很困难的事。在她们看来，一天到晚，不用管什么时候，只要孩子们喜欢吃就给她们吃。她们说我是个外国人，没结过婚，不会明白的，小家伙们什么时候想吃就随便她们吃。后来，经过多种不断的努力，这种习惯做法还是渐渐改变过来了，那些妇女也觉得定时给孩子们吃东西是对的。

最近一些年间，孤女院的工作好做多了。大一点的女孩已经学会了做各种杂活了，她们轮换着做，井井有条，有的女孩甚至还研磨花瓣给我们用。

最近有几年时间，一位在学校读书的女孩给了我们很大帮助。她看事情的方式与雇佣来的那些年纪大的妇女不同，对孤女院里的小女孩也很好。可惜她结婚以后有了自己的家庭和孩子，不能再在孤女院帮助我们了。

过去两年间，胶县的杨小姐到孤女院来帮助我们工作，她是我们差会的，在我们差会学校读过书。此外，她学习过护理，是一名训练有素的助产士。她出身于一个富裕家庭，她家只有她一个人信奉基督。她一直觉得神召唤她到孤女院来工作，要把她的时间和力量贡献给孤女院。我们一直在孤女院一块工作，有时也经常到孤女院以外的一些地方去帮助那些需要帮助的人。当我们这些传教士要到布道站去时，她总是勇敢地一个人留下来看管孤女院。

1831-1932 年间，我回瑞典家乡时，安光华（Hulda Andersson）照看孤女院，在这段时间了，她给了孤女院的孩子们很好的照顾。

孤女院房屋建筑

最初几年间，我们的孤女院用房在差会的一所院落里。那之前，这个院子里没有人住，我们稍加修整，就用来办孤女院了。数年过后，收养的弃婴越来越多，这个地方就显得拥挤不够用了。与此同时，差会要安排一位传教士及家人的住处，打算用这处房屋。于是，我们开始四处寻求新的去处。找来找去，发现很难在差会就近地方找到可用的房屋。稍后，我们打听到有一处富人的房产很适合我们用，那位富人已经搬走了，这时不住在那儿，就是经常有一些军人到这里来落脚，我们担心这处房子被来来往往的军人给毁了。就在我们盘算怎么弄到这个地方的时候，这处房子的主人派中间人来问我们是不是能租下这处房产。但是，这个人同时告诉我们说，“房主人没法子把那里的军人赶走。”我们认识住在那里的几个伤病员，有个人还是个军官，于是就去找他谈了我们的想法，请他帮忙说说，看能不能把这个地方腾给我们办孤女院用。这个军官答应了我们的要求，说："没几天就过年了，年后我要拜见我们司令，到时候便跟司令说说。"随后我们得到回音，说那位司令觉得办孤女院这件事值得考虑，他想做点善事，命令他的士兵们从那里搬走了。士兵们搬走之后，那里的房屋还要修缮一下。就这样，神为我们指明了出路，我们的孤女院迁到了这处相当大的院落。紧接着，我们很好地整修了这里的房屋，大家都很高兴，感谢主，房子问题终于解决了。这座院落我们租用十年，十年之后，房主人很可能有意出售，到时候再商量。然而，事情并没有这么简单，租期快到了的时候，房主人说他自己想搬回来住，不能再续租给我们了，当然就更谈不上出售的事情了。这个时候，时局稳定，各处一派和平景象，所以他计划回来安度晚年。这下让我们为难了，想找一处新的合适的去处，实在是不容易。我们想，这是神对我们的考验。就在我们为找新去处犯愁的时候，有几个差会驻地的邻居来说他们想卖掉他们的房子。看来我们有机会再搞到一所房子了，紧挨着要出售那处房屋旁边，有我们差会开办的一个诊所，如果我们再买下那里一处最大的房子的话，就足够孤女院用了。于是，我们开始和那所最大房屋的房主秘密商谈，当时我们不敢和那几位房主同时谈购房的事情，因为我们不能一下子买下几处房产，只要能买下那所最大的房子，尽管也不是很大，也已经够我们用了。买卖很快就谈妥了，但条件是我们数年间要把这几个人的房产全买下来。原来房产属于兄弟四人，我们只能买下其中最大的那所房子，没有那么多钱全部买下，要缓几年。那兄弟四人都成了家，几家人挤在那么一个院落里，相互之间的关系处理的很不好。有时候这个兄弟要卖自己的房产，过些日子那一位兄弟要卖自己名下的房产，但总是商量不到一块去，始终达不成协议。对我们来说，在院子里垒一座高墙和他们隔离开来，也是一件很不愉快的事情。尽管隔着墙，我们看不见他们，他们也见不着我们，但却能清清楚楚地听到他们在做什么。过于拥挤和相互间不断的吵闹，迫使他们不能再在一块生活了，于是我们就一点一点地把那个院落的房产全部买了下来。很高兴我们不再和他们这些人做近邻了，拥有了更大的活动空间。在中国，购买房产实在不是件容易办的事。

诸城瑞华浸信会孤女院建筑

1937 年，正当我们打算修缮我们最初租用的那处房子的时候，中日战争爆发了。那所房子的主人很后悔当初没有把房子卖给我们，但是已经太晚了，他发现这里已经不太平了，院子里又住满了军人，那院子里房屋有些也已经毁坏了。尽管我们当初有一段时间担心找不到房子，在新住处费了很大事修缮改造，分几次才最终有了安定的比较理想的住所，但我们明白，神一直在引领我们。中日战争期间，大街上经常有军人来来往往，孤女院的女孩子们很难有机会到街上去走走。不过，好在我们的院落紧挨着教堂和差会学校。神为我们安排好了一切，所有工作进展顺利。

历经战乱

中国过去和现在都一直时局动荡不安，战乱不断。因此，虽然神一直保护着我们，给予我们巨大帮助，但我们孤女院也经历了多次战火洗礼，遭遇到很多困难。1930 年，我们的城市被围接近半年时间[4]，城里人不能到城外去，城外人也不能进城。有一段时间，空中枪炮声日夜响个不停。真是不可思议，在

4 时为蒋冯阎中原大战时期。

战争期间，我们没有一个人受伤，也不缺乏任何必需品。我们清楚，这都是因为神在保护和帮助我们。我们有一间和其他房屋隔离开来的小屋子，屋顶双层木板，木板上覆盖了土和杂草，用来躲避炮火，当炮火猛烈时，我们都躲进那间小屋里。有时候，炮弹落到了我们的院子里，子弹也四处乱飞，但都没有伤着我们，尽管有时候炮弹落点离我们很近。

孤女院里年龄小的女孩们不知道有什么危险，依然在院子里玩耍，捡炮弹皮。年龄大些的女孩子都知道这是难熬的日子，很紧张。当然，如前所述，还好没有人受什么严重伤害。

我们经历了中日战争，至今想起来还心惊肉跳。那时每天头顶上都有日军战机掠过，所有人都忧心如焚。城里人到处找地方躲避炸弹，可哪里会是安全之地？城里到处都建了很多掩体，我们孤女院里也建了一个。当我们的掩体建好之后，感觉很结实，躲进去也很舒适，心里踏实了很多，不再那么紧张了。小女孩们和老人躲进我们的掩体，都觉得很自在。

日本人得势那会儿，经常到我们这儿来。军官们趾高气扬，十分严肃，问我们很多各种各样的问题。令他们气恼的是我们来自中立国，不能像对待英美差会那样，没收我们的财产。

每当有日本军队路过城里的时候，那种情形都非常可怕。街上到处堆放着战争装备，战马随处可见，士兵到百姓家里，行为很粗野，闹得人们个个胆战心惊。人所周知，日本兵道德败坏。我们布道站有几次很幸运，没有受到侵扰。但有一次，他们强行闯了进来。日本兵住进了教堂、学校和令约翰一家的院子，他们对令约翰夫妇极其粗暴，乱踢乱打。他们也试图到孤女院，在院外不停地使劲敲门，随后就要破门而入！我们该怎么办？起初我们打算把年龄大一点的姑娘们藏起来，可他们要是进来了，我们又能藏到哪里去呢？！就在这个时候，我们的邻居告诉那些士兵，说孤女院里净是些小女孩，他们到院里去会把这些小孩子吓坏的。听到这些之后，那些士兵安静下来，不再砸门了，过了一小会儿，到别的地方找住处过夜去了。附近一些院落都生起了火，是在做饭，火光映到了我们院子里。从我们的窗户看到教堂里透出了马灯灯光，我们知道，神的建筑里住满了兵士！我们的院子里一片漆黑，静悄悄的，但我们祈求保护的祷告直达天恩宝座。

瑞华浸信会新老传教士与孤女院孩子们合影

年复一年的担忧和焦虑终于到头了。八年战争，日本遭到了羞辱性失败。日本兵开始从我们所在的城里撤退，长期的郁闷和憋屈终于消散了。真希望和平到来，以便我们得以继续有条不紊地开展工作，但可惜的是，不久城外又传来了隆隆炮声。中国依旧处于战争状态！一座座堡垒被摧毁，战败的军队跑到了城里，内战爆发了。交战双方的军队相距不远，有两三天时间，我们备受煎熬，精神高度紧张。城门被炸毁了，炮弹、手榴弹和子弹四处乱飞，我们藏到了防炮掩体里。脚下大地在颤抖，火药味飘进了掩体房间里。有时候小孩子们睡着了，我们设法保持安静，我们知道，我们的主有力量保护我们。躲进掩体后的第二天早晨，一阵沉闷的敲门声传来。我出去打开门一看，门外站着几个士兵，他们拿枪指着我，看到他们面对的是一名外国女人，他们把枪放下了。我告诉他们说这里是一个基督教会开办的孤女院。他们说他们是共产党的军队，不会伤害我们。这是他们第一次到孤女院来。随后，不断有人来，他们有的是出于好奇，有的是来查看情况的，我们的几个院落昼夜都有人监视。我们非常担心那些大年龄的女孩子。然而，主永远坚定地保护我们，无论什么时候和什么境地。尽管我们不知道这种战争场面何时才能终结，但我们希望主不会忘记孤女院和孤女院的孩子们。

神总是及时救治灾病

孤女院的孩子有时会罹患灾病，我们把自己的忧虑向神倾诉，他是我们最伟大的医生。有人患病了，我们当然是尽我们最大所能予以救治，不过这种时候我们首先寻求神的支持。孤女院的孩子们都意识到了这一点，也都这样照着去做。有时候，她们一起为自己祷告。一天晚上，我醒来后听到有一间屋子里有动静。那间屋子里有一个女孩，经常会突然发病，一发病就很厉害。那天晚上，她又发病了，屋子里的女孩都起床为她祷告。我没有进去打扰她们，过了一会，屋子里静下来了，姑娘们都睡下了。那天晚上以后，那个经常发病的女孩再也没有发过病。神看到了姑娘们的信仰，回应了她们的祷告。这样直接回应祷告的例证，还有很多。

孤女院里这么多孩子，总是会发生一些意外事件。然而，每一次意外事件，我们这里的孩子们都安然无恙。在有些意外事件中，我们见证了神的守护天使降临。有一次，我们的一个四岁的女孩掉进了一口空井里，这口井接近四米深，我们热天在那里存放食物，冬天储存甘薯。本来，这口井在后院，孩子们平时不到后院去玩，可是那一天，她们去了后院。碰巧那天下雨，有人在井上盖了盖子，井里放着一把梯子。那个四岁的小女孩跑到井盖上玩耍，井盖一下子滑落一边，小姑娘掉到井里了。这时，我们听到后院孩子们大喊“永新（Yungsin）掉井里了！”我们赶紧跑到后院，担心孩子摔坏了。第一个跑到后院去的是厨房里的一个小男孩，我们到后院时，他已经下到井里了，只听他在井里向上喊道：“她没摔伤！”小永新完好无损，真是个奇迹！厨房那个小男孩下井时，发现小家伙坐在倒数第三个梯子蹬上。在我们查看她身上什么地方摔伤了没有时，她奇怪地看着我们。她告诉我们说，她掉井里的时候，有全身穿白色衣服的人抓住了她，放到了梯子蹬上。这是守护天使的见证。

如今，永新已经十八岁了，非常聪明能干。在孤女院里，她可帮了我们大忙。我们饲养的家畜，像是供我们羊奶的山羊，看门的狗（以防有人偷偷溜进来），捉耗子的猫，所有这些都由她一个人负责打理。还有，每天傍晚，她都去鸡舍数一数饲养的小鸡，照看一下我们用来拉磨的驴子。那头驴很难照看，我们谁也管不了它，可是一见了永新，就低着头像一只小绵羊。

结语

以上简要勾勒了我们孤女院二十五年的历史，很多问题没有来得及叙说，希望读者能够通过这简短的文字大致了解我们所做的工作。

回望过去，感恩主丰盛的恩典，无论光明还是黑暗的日子，都赐予奇妙救助。孤女院的姑娘们一心向主，接受了洗礼，加入了教会，令人心生喜乐。愿她们每个人都蒙恩在各自的工作岗位上做出自己的贡献。

如前所述，孤女院里早期的女孩都已长大成人，离开孤女院踏入社会。迄今为止，只有两名小女孩没能长大成人，早早离世了，一名六岁，一名十一岁。十一岁离世的女孩，仅生病数日，一直昏迷不醒。离世前一刻，她突然苏醒了，我们听到她在吟诵一首赞美诗里的词句："耶稣爱我，他为我赎罪而死。"我们试图救助的一些儿童回家了，她们在天堂得救永生。

感谢所有捐助中国遗弃女婴的瑞典朋友！这些朋友来自各行各业，教会、各种社会团体、主日学校、音乐团体以及个人，都有很多人为此奉献。捐助形式多种多样，有的是负责认捐一名中国遗弃女婴，有的认捐多名，还有一些是以其他形式帮助我们的孤女院。主清楚你们所做的一切！目前，孤女院工作也得到了中国人的理解认同。中国教会和妇女团体，每年都捐助孤女院，令我们感到惊讶的是，非基督教界中国民众也开始参与捐助孤女院收养遗弃女婴事业。

愿每一个对孤女院有贡献的人以及所有为我们祷告的人，听到耶稣的这句话："我实在告诉你们：这些事你们既做在我这弟兄中一个最小的身上，就是做在我身上了。"（马太福音第二十五章第 40 节）

白多加六十诞辰瑞华浸信会诸城布道站中外员工在孤女院纪念合影

译名对照表

令约翰	J. E. Lindberg
瑞典浸信联合会	the Baptist Union of Sweden
格尼拉·斯滕曼·雅各布森	Gunilla Stenman Jacobson
艾丽斯·瑞奈尔·赫尔曼松	Alice Rinell Hermansson
瑞典浸信会	the Swedish Baptist Mission
汇丰银行	Hong Kong and Shanghai Banking Corporation
中国内地会	the China Inland Mission
雅比聂布道学院	Jabneel Mission College
文道慎	Carl Vingren
戴德生	Hudson Taylor
郭士立	K. F. A. Gützlaff
晏玛太	M. T. Yates
晏玛太夫人	Mrs. Eliza Yates
叔未示	L.J. Shuck
叔未示夫人	Mrs.Henrietta Hall Shuck
高第丕	T. P. Crawford
伊莱扎·莫林	Eliza Moring
“会审公廨”	mixed court
西曼	J. F. Seaman
霍尔	Hall

立德夫人	Alice Little
黄品三	Huang Pinsan
邱汉	Cheo Han
高雪山	J. R. Goddard
沪江大学	the Shanghai University
詹金斯	H. Jenkins
美华书馆	the publishing house of the American Presbyterian Mission
海德维格	Hedvig
安娜 · 霍茨	Anna Holtz
任其斐	J .A. Rinell
任其斐夫妇	t he Rinells
马礼逊	Robert Morrison
殉道堂	the Memorial Building of the Martyrs
瓦尔顿斯卓姆	P. Waldenström
中国瑞典行道会	the Swedish Covenant Mission
商务印书馆	The Commercial Press
费启鸿博士纪念教堂——鸿德堂	Dr Fitche’s memorial church
蒋	Chiang
大英圣书公会	the British and Foreign Bible Society
美华圣经会	the American Bible Society
苏格兰圣经会	the Scottish Bible Society
美国浸会书局	the American Baptist Printing Press
陈甘兴	Chan Kam shing
费城美国浸会出版公司	the American Baptist Publishing company
湛罗弼	R. E. Chamber
美国北方浸礼会和南方浸信会	the Northern and the Southern Baptist Missions
张文凯	Chang Wenkai
“真光”	True Light
刘湛恩	Herman C. E. Lio

吴多拉	Dora Uh
伯特利教会	The Bethel Mission
石美丽	Mary Stone
霍尔	W. N. E. Hall
克洛克斯	H. Z. Klöckers
科威尔斯	G. Cornwells
李提摩太	Timothy Richard
花雅各	J. L. Holmes
美国圣公会	the Methodist
巴克尔	T. M. Parker
斯米特	Smidt
道司伟德	Doathwait
福尔克	Erik Folke
普利茅斯弟兄会	Plymouth Brethren
兰德尔	H.Randle
巴腾	L.Barten
美国北浸礼会	the Northern American Baptists
马茂兰	James McMullan
《晨星报》	*The Morning Star*
林布隆	Wilhelm Lindblom
《瑞典浸会周刊》	*Swedish Baptist Weekly Journal*
鲁丁	C. G. Lundin
奥塔韦旅馆	Ottaway's hotel
布恩的小别墅	H. J. Boone's cottage
埃格龙·瑞奈尔	Egron Rinell
斯韦亚·林德伯格	Svea Lindberg
李安德夫妇	the Leanders
棣全德夫妇	the Lidquists
康拉德·L	Konrad L.
斯伟亚·S·林德伯格	Svea S. Lindberg

菲尔斯	A.H.Faers
斯多克	J.A.Stooke
库娄森	Gulovsen
海雅西	J. B. Hartwell
斯蒂文斯	P. Stevens
摩根	E. l. Morgan
浦其维	C. W. Pruit
倪维思	J. L. Nevius
郭显德	H. Corbett
怀恩光	J. S. Whitewright
梅理士	C. R. Mills
卡特	Carter
吴	Wu
上庄	Shang Tswang
布什	J. E. Bush
臧玉廷	Tsang Uh ting
孙维玉	Sun Wei uh
“京钱”	Peking cash
上海规元	Shanghai dollars
《三个闺女》	*San ko kwei nu*
《苏梅》	*Su Mei*
赫尔斯卓姆	E. W. Hellström
美华浸信会印书局	the Baptist publishing house
道森市	Dawson City
埃德蒙尼亚	Edmonia
穆拉第	Lottie Moon
《安・贾德森回忆录》	*Ann Judson's Memoirs*
托马斯・肯皮斯	Thomas a Kempis
鲍斯德克	G. P. Bostick
金	D. W. King

格雷夫斯	R. P. Graves
耶士谟	William Ashmore
北沟	Poako
安娜·霍茨	Anna Holtz
巴腾	Barton
艾格伦·瑞奈尔	Egron Rinell
谭宏邦	Tan Hong pang
沙岭	Saling
黎格	T.J. League
伯恩斯	William Burns
《天路历程》	*Pilgrim's Progress*
高王山	Kao Wang-mountain
蓬莱	Peng-Lai
谢万禧	Wiliam Sears
姜廷柱	Kiang Ting chu
考恩利	Connely
奈特	Fanny Knight
索岭	Soling
《瑞典浸信会在华四十年》	*Swedish Baptist Mission in China, a 40-years memory*
帅德顺	Swordson
楼约翰	J. W. Lowe
阿雅各	J. M. Oxner)
艾顿	David Edén
赫恩	T.O. Hearn
怀阿医院	Oxner Memorial Hospital
柳林	Leo Lin
赵丰华	Chao Fung hwa
胡斯	Johannes Huss
伊本·胡尔达兹比赫（寇达倍）	Ibn Kordabde

辛疃	Sin Tan
丁立美	Ting Li mej;Ting Li Meh
雅各	Jacob
韩福祥	Han Fo seang
蓝底	Lanti
英国圣经公会	the British and Foreign Bible Society
王台	Wangtai
笏马丁	W.A.T. Martin
《基督信仰真实性证明》	*Proof that Christian faith is genuine*
王金河	Wang Tsin hoa
和士谦	Voskamp
昆祚	Kunze
卢威廉	Wilhelm
伊迪丝	Edith Rinell
铺	Po
马尔默	Malmö
汉堡	Hamburg
格瑞泽尔	J. Grytzell
小麻湾	Siao Ma Wan
马店	Matien
韩家村	Hankiatsun
韩	Han
季	Ki
韩金轩	Han Tsin suan
杨各庄	Yuangkotswang
张家庄	Changhiatswang
范	Fann
南凤凰村	South Phoenix Village
王台	Wang-Tai
南长街	South Long Street

西长街	Western Long Street
撒玛利亚人	Samaritan
十里村（十里堡）	Shilicun
浸信会华北差会	the North Mission
车轮街	Wheel Street
琅琊	Lang jiek
东武	Tong oh
密州	Michow
公冶	Kong jieh
进贤村	Kin Hsien Tsun
苏东坡	So Tong Poa
刘墉	Lio Yong
鲍学文	Pao Hsueh Wen
德国信义会	the Berliner Mission
考尔斯德	J. J. Caulthard
日照	Jih Chao
鲍志培	G.P. Bostick
郜锡恩	Oswald Töpper
靳司	Kin Si
张镇	Chang Cheng
刘芳桂	Leo Fang Kwei
明恩溥	Arthur Smith
倪玛丽	Maria Edén
倪典	David Edén
令玉兰	Alice Lindberg
令阜顺	Sten Lindberg
司汉纳	Hanna Stehlin
单礼德	Titti Schlyter
令瑞玉	Signe Lindberg
棣利莎	Lisa Lidquist

棣奎德	A.J. Lidquist
万礼德	Ingrid Andreén
万乐德	Walter Andreén
安光华	Hulda Andersson
白多加	Matilda Persson
杨荣道	Martin Jansson
欧文	C.J. Owen
瑞典邮报	*Vecko-Posten*
扶淇河	Foki-river
于德林	Uh The lin
于明时	Uh Ming shih
蔡永兴	Tsei Yong seng
令爱德	Anna Lindberg
王鼎勤	Wang Ting kieh
刘士田	Leo Shi tien
高密	Kaomi
于葆德	Uh Pao te
昌乐县	Chang Loa County
恩格瓦尔	Gustaf Engvall
库姆拉浸信会	Kumla Baptist church
内尔彻	Närke
黄县	Hwanghsien
劳福堂	Loa Fo tang
王奇山	Wang Ki shan
陈邃	Chen Swei
相州	Seang Chow
韩铺大街	Hemp Street
注沟	Chukou
贾悦	Kia Yueh
《瑞典每日晨报》	*Svenska Morgonbladet*

《青岛时报》	*Tsingtao Times*
斯托克维尔	Stockwell
朱解	Chuhsien
马特·布瑞璞	Malte Pripp
王恩	Wang Erh
西格妮	Signe
斯温	Sven
百尺河	Pei Chi Hoa
“龙山东”	East of the Dragon Mountain
台家大村	Taikia Tatsun
岳沟	Yueh Kou
“大发财院”	Ta Fa Tsai Yuen
文昌庙	Wen Chang’s temple
斯顿·弗里蒂奥夫	Sten Fritiof
斯格伯特·罗兰	Sigbert Roland
斯威亚·亚历桑德拉	Svea Alexandra
大港	Ta Kang
瑞布劳格	H. Reploeg
相州	Seangchow
景芝	Kingtze
方伟廉	W. P. Chalfant
哈帕兰德	Haparanda
基督教男青年会	Y.M.C.A
古约翰	John Goforth
苏德布鲁姆	C. G. Söderblom
克拉克	S. R. Clark
正阳门	the Gate of the Turning Sun
前门	Chien Mun
于涤林	Uh Ti Lin
德华银行	German-Asia Bank

以利沙伯	Elisabeth
亚伯拉罕	Abraham
夏甲	Hagar
施洗约翰	John the Baptist
安道慎	Elis Almborg
差会邮报	*The Mission Post*
傅淑真	Nina Fredriksson
德国同善会	Weimar Mission
布洛姆哈德	B. Blomhardt
李桂林、李安德	Anna and A. Leander
任佩兰、任为霖	Hellen and Oscar Rinell
唐爱礼、唐义礼	Tora and Eric Thoong
安德森	Hulda Andersson
苏玉德、苏德林	Edit and Thure Skoglund
令玉兰、令阜顺	Alice and Sten Lindberg
杨荣道	Martin Jansson
安来拯	Susanna Andersson
厄斯特松德	Östersund
任桂香	Hedvig Rinel
任汝霖	E. G. Rinell
王明道	Wang Ming tao
丁立贵	Ting Li kieh
陈绥定	Chen Swei ting
凯利	Kelly
孟玛丽	Marie Monsen
夏克	J. L. Shuck
阚屯	Kanton
孟高维诺	Monte Covino
利玛窦	Ricci
景教	Nestorian mission

以马内利王	King Immanuel
“迎春”（花）	Jong Tsun
两乡	Lianghsien
涛雒（镇）	Taoloa
林前	Linghsien
钱伯斯	Chambers
彼得、保罗	Peter and Paul
“农神”	Farm god
杨百翰	Brigham Young
牟聚奎	Mo Chu kwei
高陆	Kaoloo
李福田	Li Fo tien
于德霖	Uh The lin
殷丰云	Yin Fung yuin
钟怡勤	Chong Ih kieh
魏廉	Esther Wahlin
夏园	Hsia Yuan
夏山田	Hia shan tien
陈世群	Chen Shi kuin
石臼所	Shikiosan
能方济	Nies
韩理迦略	Heule
张家庄	village Changkia
花之安	Ernst Faber
卫礼贤	R. Wilhelm
克兰兹	Kranz
礼贤会	the Rhenian Mission
（德国）科堡	Coburg
（德国）巴门	Barmen
瑞士巴塞尔	Basel

（德国）柏林	Berlin
（德国）图宾根	Tybingen
（德国）哥达	Gotha
福伯医院	Faberkrankenhaus
柏尔根	Bergen
毕克尔	Filipp Bikel
瑞普劳埃格	Reploeg
安德雷斯	Josef Endrass
安德兹卓韦茨	Antoschowitz
格拉斯	W.B. Glass
荊范明	Fann Ming king
王彼德	Peter Wang
宋博士	Dr. Song
伊尔蒂斯岬	Iltis Huk
牛津运动	Oxford movement
美国南浸信会	the Southern Baptist Convention
美国北长老会	the North American Presbyterians
鲁东信义会	German-American Lutherans
华人各灵恩会	Chinese Pentecostals
厄勒布鲁	Örebro
倪拯婴	Ninnie Ericson
毕斯卓姆	Byström
爱梅	Ai-mei
洪恩	Hung-en
天恩	Tien-en
德恩	De-En
峄县	Ihsien County
安光华	Hulda Andersson
永新	Yungsin
琳德斯绰蒙	Anna Linderstrom

逄戈庄	Pang-kutswang
巴山	Pa-shan
卢山	Lu-shan
五莲山	Uh-Lien-shan
韦廉臣	Alexander Williamson
福音会	Gospel Mission

参考工具书目录

1. 中国社会科学院近代史研究所翻译室：《近代来华外国人名辞典》，中国社会科学出版社，1981 年版。
2. 连警斋：《郭显德牧师行传全集》，上海广学会 1941 年版。
3. 中华续行委办会调查特委会编，蔡詠春等译：《1901-1920 年中国基督教资料调查（中华归主）》（修订），中国社会科学出版社 2007 年版。
4. 诸城教会存中文档案。
5. 新华通讯社译名室：《世界人名翻译大辞典(修订版)(上、下)》，中国对外翻译出版社，2007 年版。
6. 黄光域：《近代中国专名翻译词典》，四川人民出版社 2001 年版。

说明：来华基督教传教士都有中文名字，各种词典以及早期调查资料和著述均有较正规收录，但晚期来华传教士因时局不宁等原因，很多人则多种词典、资料均没有收录，根据只能是现存的中文教会档案或学界通行音译方式。故本资料中的人名以及期刊和书籍等专用名称的主要依据是《近代来华外国人名辞典》、《郭显德牧师行传全集》、《1901-1920 年中国基督教资料调查（中华归主）》（修订）、诸城教会存中文档案。个别外国地名则是依据其他词典、网络以及电子《必应词典》。无处查询者，采用学界通行音译方式。多种译法者，一般选择习用者。由于这份资料主要涉及地方史事，中国小地方人名和地名大多无处查询，而本资料原文是瑞典文，中经英译，虽说是保持原貌，但由于胶东一带，地方语言没有舌面音和卷舌音，很多注音与一般通行的威氏注音法和邮政注音法都不契合。不同地域方言不同，同一个字注音也不同，比如五、武、吴这几个字的读音,有的标注 Wu,有的就标注 Uh；又比如美这个字，有的标注 Meh,有的标注 Mej,还有的与今天汉语拼音一样，标注 Mei。还有，人名与地名同一发音，却标注迥异，如译者老家那个镇——北沟，因为当地人口音北、白，都念 bo 音，所以原作者标注北沟为：Poako，其他 bei 的读音，则大多与威氏注音法一致。而地名五莲山的五，标注为：Uh,与姓于的于一样。凡此种种，不一而足。因此，人名翻译凭经验结合地方方言发音翻译，用字可能有的并不准确，除两个人在诸城教会中文档案中对上号了（于明时——Uh Ming shih，于葆德——Uh Pao te），其他可能有别字，特别是同音不同字的情况，因为无论是威氏注音法还是邮政注音法，均无声调标记，与汉语拼音不同，即便汉语，同音同声调的字也很多；但地名都通过原文记述脉络，查证今天的地图和网络，除个别街道名称外，村庄以上地名均已核对无误。古今地名有别者，均在译文中以注释方式说明了。

郭大松
2016 年 6 月 29 日于蓬莱阁西邻博文苑
2023 年 8 月 16 日定稿

译后记

《近代中国亲历记》收录的两篇著述，均为瑞典山东瑞华浸信会的传教士亲历、亲为、亲见、亲闻的忠实记录，质朴无华，翔实可靠。字数虽然不多，但比较全面再现了瑞华浸信会传教士们自1892踏上中国土地之后半个多世纪的历史足迹，可谓是我们今天了解西方传教士、了解这个时段山东乃至中国社会变迁的难得材料。

近代来华基督教（新教）传教士的后人，大都有着浓厚的“寻根”情结，在中国大陆改革开放以后，利用一切可能的机会访问他们的祖先曾经生活和工作过的地方，其中有些人原本就出生在中国，在中国度过了他们的少年时代。瑞华浸信会的传教士后人也不例外，本书收录的照片，大多都是瑞华浸信会传教士的后代到中国来“寻根”时带过来的。这些珍贵的照片，从一个侧面记录了传教士们当时的足迹和业绩，也多少反映了中国社会的变迁痕迹。

《令约翰回忆录》的作者令约翰，1892年来华，1945年离开中国，在华半个多世纪，辛勤为差会工作，足迹踏遍瑞华浸信会山东布道区城乡各地；留心参观或考察了解过当时已是东方大都市的上海、中国的首都北京、北方重要口岸城市天津和山东两大口岸城市烟台、青岛等地。晚年回瑞典后在朋友们的鼓动下，写了这本自传性的小册子。书中除了介绍作者本人和一些宣教同工开辟宣教区的艰难和宣教事务的辛劳，以及一些人信奉基督之后为人处事各方面的巨大变化外，涉及了近代中国诸多大大小小的重要事件，特别是一系列国内外战争、德国租借胶州湾对山东的影响和日本侵华的暴行。由于在中国生活了50余年，长年累月在城乡各地布道，从一个基督徒的视角，也记录了当时中国典型的迷信例子，但从不对那些迷信做激烈批判，只是有时以诙谐幽默的语调加以嘲讽，说明它们的迷信性质。例如在观察到有些现象之后，他说："中国人相信所有的事情都有自己的好日子，像结婚、葬礼、盖房子、搬迁、旅行等等，只有生日和忌日没有好日子。中国的历书，就是一本迷信的百科全书，上面标明了一年所有的日子，有哪些日子什么都不适宜做，但给祖宗上坟却是在哪一天都行。"作为一个外国人，当然他还特别注意到了中国父母、教师管教孩子的方式，特别是在西方人眼里清朝时期地方政府司法以及刑法的不合理和残酷。总之，《令约翰回忆录》小册子虽然文字不多，但几乎涉及到了当时中国社会生活的方方面面，尤其是山东东部地区一些民间习俗，这些习俗有的今天依然如故，有的则已经消失或正在消失。因此，今天读来，不免令人在感受到社会急剧似乎又缓慢变迁的同时，也会产生某些关于社会现象变与不变原因的一些深层思考。

《收养中国女弃婴：山东诸城瑞华浸信会孤女院简史》的作者是瑞华浸信会孤女院的创办人白多加。白多加 1910 年来华，1922 年初创办孤女院，直至诸城解放后回国。从令约翰在《令约翰回忆录》中自始至终称其为"白多加小姐"这一用语以及 1945 年庆祝白多加 60 岁生日的照片看，她一生未婚，将全部的爱献给了中国女弃婴。她写下的"孤女院简史"，忠实地记述了兴办孤女院缘起、创办和发展过程，涉及到了收养孤女的途径和她们被遗弃的原因，叙及旧中国的婚配习俗以及孤女院试图改变不合理的婚配习俗所做出的努力，也记录了一些被遗弃街头的婴儿在孤女院健康成长为当时社会有用乃至优秀妇女人才的典型事例。

本书收录的两篇著述，原文均为瑞典文，写好后存放于教会在教友中传阅，从未正式公开出版发行。为方便更多人阅读，山东瑞华浸信会的先驱之一任其斐的孙女赫尔曼松（Alice Rinell Hermansson）女士在来山东"寻根"过程中，与诸城基督教三自爱国运动委员会姜暖牧师等取得联系，将瑞典文翻译成了英文，现在见到的中文，即是由英文翻译而来。

两份瑞典文的英译者赫尔曼松（Hermansson）女士即拉里（Lally）夫人，祖父母和父辈都是近代长期在山东布道的传教士。祖父任其斐、祖母任桂香 1894 年来山东，祖父 1941 年病逝于中国，葬于当时青岛国际公墓，祖母 1949 年离开中国，1962 年 95 岁高龄病逝于瑞典。父亲任汝霖 (Ren Yulin)1894 年在中国出生，少年时期就读于烟台中国内地会学校，毕业后赴瑞典斯德哥尔摩神学院深造，1917 年学成回到中国，长期任职于山东瑞华浸信会胶州（县）布道站瑞华中学和圣经学院；母亲任玉兰（Gerda Rinell）1928 年来山东，追随丈夫在胶县布道站服务。叔父任为霖（Ren Weilin）1896 年出生于山东，少年时代也就读于烟台中国内地会学校，毕业后赴德国汉堡神学院深造，学成后于 1922 年回到中国，就职瑞华浸信会高密布道站；婶婶任佩兰（Hellen Rinell）也是高密布道站传教士。任为霖作为最后一批撤离山东的瑞华浸信会传教士，于 1952 年回瑞典，1983 年首次回山东胶县工作过的地方访问，当时已 87 岁高龄，患有心脏病，长途奔波病发，在青岛一家医院治愈，回国后享年 98 岁。拉里女士 1931 年出生在山东，1948 年离开中国。成年后获得公共医疗事业研究专业博士学位，长期从事医疗保健事业，曾担任瑞典联合浸信会国际宣教部委员。正是由于家族和个人的原因，她“心系中国”（她在与诸城姜暖牧师的通信中说：“My heart is in China!”），自 1983 年随叔父等到中国“寻根”以后，多次来中国和山东，与诸城教会姜暖牧师等有密切联系，做了大量搜集山东瑞华浸信会历史资料的工作，也为中瑞友好和文化交流做出了贡献。

值得说明的是，拉里女士在翻译两份瑞典文著述时，已年届八十高龄。虽然她多次来山东“寻根”，翻译也极其认真，并请她在美国工作的英文老师“作了令人赞佩的校订”，但是因为原文为未经出版的手稿，作者早已去世，即使对有些记述矛盾之处心存疑问，显然也无法询问或查证相关史事予以订正了。关于这样的问题，中译时尽量根据相关史实以注释形式作了必要的说明正误。同时，拉里女士对原文中的“中文字词和姓名，一般不做改变，采用原译文”，而这些“原译文”并不是严格根据近代通行的“威氏音符”拼写的（如她的祖父任其斐这一中文名字就拼作(Ren Qifa) ，加之不同地区的方言语音的差别，中译时很难准确回译。拉里女士所说的“中文字词和姓名”，事实上包括一些经典古文献名、人名和地名。经典古文献名原瑞典文作者一般情况下的拼写与当时流行的方法无大区别或是直接使用其已经所熟知的流行拼法，类似字母文字，根据上下文所述内容一般可以准确回译。至于众多的人名和地名，人名由于缺乏相应的中文资料，绝大部分只能尽量以所涉及地方的地方方言语音音译，第一次出现时在音译中文名字后面用（）标注原文的方式翻译；地名相对好说，可以通过对所述史事涉及的地域查证核实，中译文中所有地名均经核对，个别已经改名致历史名称与今名不符者，则以注释形式作了必要说明。

最后应该指出的是，本书中的图片，除绝大部分为诸城姜暖牧师提供的山东瑞华浸信会后人到山东“寻根”带来的原始照片之外，其他则取自《中国圣省山东》一书，以及中国社会科学院张德明博士好意赠与。借此机会，谨向姜暖牧师和张德明博士表示诚挚谢意。

郭大松

2016 年 6 月 29 日于蓬莱阁西邻博文苑